임승필 신부님(1950-2003년)과
저와 함께『주석성경』마무리 작업을 하신
제위 신부님께
이 작은 책자를 헌정합니다.

나다
– 생명의 책(예수님의 신원)

2023년 06월 27일 교회인가(서울대교구)
초판 찍은 날 2023년 08월 08일
초판 펴낸 날 2023년 08월 18일

지은이 이기락

펴낸곳 오엘북스
펴낸이 옥두석

편집장 이선미 | **책임편집** 임혜지
디자인 이호진

출판등록 2020년 1월 7일(제2020-000115호)
주소 경기도 고양시 일산동구 중앙로 1055 레이크하임 206호
전화 031. 906-2647 | **팩스** 031. 912-6643
홈페이지 https://blog.naver.com/olbooks
이메일 olbooks@daum.net

ISBN 979-11-984159-2-9 03230

요한복음 신학&영성 3

나다

| 생 | 명 | 의 | 책 | 예수님의 신원

이 기 락

오엘북스

■ **일러두기**
· 이 소책자에서 인용되는 성경 구절은 『주석성경』(한국천주교주교회의, 2010)을 따랐다.
· 고유명사와 성경 구절의 약어 표기 등은 『성경』(한국천주교주교회의, 2005)을 표준으로 삼았다.
· 이 소책자에 수록된 그림은 김형주(이멜다) 화백의 작품이다.

"나다('Εγώ είμι'). 두려워하지 마라."
(요한 6,20)

차 례

'요한복음 신학&영성'을 펴내면서

길고 지루하게 이어지던 코로나19 팬데믹의 여파로 마주하게 된 '새로운 일상(new normal)'에 적응하기 위해 그 첫 단계로, 갖가지 핑계를 대며 소홀히 하였던 하루 '만보걷기'를 제대로 해야겠다고 다짐하게 되었습니다. 하루 목표치를 채우기 위해서는 적지 않은 시간을 일부러라도 걸어야 했는데, 여러 가지 상념이 오가는 중에 지금까지 학생 신분으로 배우고, 선생으로 가르치고, 사제로 선포한 내용들을 하나둘씩 정리해 보면 어떨까 하는 생각이 스치곤 했습니다. 그리고 공부한 것이 성서학이니 당연히 성경을 중심으로 살펴보되, 성서주석학적인 측면에서보다는 내가 믿고 고백하는 내용을 신앙 고백적 차원에서 종합해 보고 싶다는 하나의 생각으로 모아지게 되었습니다.

이번에 출간하는 소책자의 성격을 굳이 말씀드린다면, 이 책은 성경의 통시적·공시적 방법론에 기초한 주석서라기보다는, 그동안 여러 학자들이 땀과 노력으로 탐구하여 일구어낸 요한복음에 대한 방대한 연구 결과의 한 부분을, 저 나름대로 정리하여 설명하는 해설서라고 첨언하고 싶습니다. 특히 독자들이 성경에 계시된 심오한 진리와 신비에 부담 없이 접근하면서 올바로 이해하는 데에 조금이나마 도움을 주기 위하여, 한국천주교주교회의가 발간한 『주석성경』(2010)에서 제시하는 주석내용을 기본적 토대로 하고, 여러 학자들의 학설과 주장을 성서 신학적이고 사목적인 측면에서 요약 정리하면서, 저의 의견에 따라 첨삭하고 부연설명하기도 하였습니다. 구체적이고 전문적인 성경 주석이나 자세한 각주 등은 생략하고, 별도로 간략하게 '참고문헌'을 제시하는 것으로 대신하였습니다. 많은 학자들의 학문적 성과에 상당 부분 의존하면서도 출처를 일일이 제시하지 못했음을 밝히면서 그 빚에 대하여 이렇게 감사의 인사를 전합니다.

　『주석성경』이 출간되기까지 최종편집을 책임졌던 담당자로서 그동안 저는, 하느님 말씀의 신비에 대하여 『주석성경』이 제시하는 객관적인 시각과 해설이 뛰어나다는 점을 늘 널리 알리고 싶었습니다. 미약하나마 오늘에야 그 소망을 전할 기회를 만들게 되었습니다. 잘 아시는 바와 같이, 한국천주교회는 1988년 성경 본문에 충실하면서도 전례용으로 사용할 수 있는 우리말 성경 번역 작업에 착수하여, 2005년에 가톨릭 『성경』을, 2010년에는 『주석성경』을 출간하였습니다. 이 뜻 깊고 영예로운 작업을 한국천주교주교회의 성서위원회 총무 임승필 (요셉) 신부님께서 주관하여 열정과 헌신으로 각고의 노력 끝에 성경 번역 및 주석 작업을 중후반 정도 수준까지 올려놓으셨습니다. 그러나 뜻밖에도 임 신부님은 2003년 갑자기 하느님의 부르심을 받고 하늘나라에 오르시게 되었습니다. 그래서 한사코 고사하던 제가 그 후임 직무를 맡게 되었습니다. 이 기회에, 최초의 가톨릭 『성경』은 물론 『주석성경』의 기초 작업을 통하여 한국천주교회에 커다란 선물을 남기고 홀연히 하느님 곁으로 떠나, 하느님과 함께 영원한 안식을 누리시는 임승필 신부님께, 선종 20주년을 맞이하여 다시 한 번 더 감사의 마음을 전하면서 이 작은 책자를 헌정하고자 합니다.

임 신부님에 이어 저와 성서번역위원회 신부님들은 성경 원문 번역 및 주석에 대한 마무리 작업을 함께 해나가는 과정에서, 한 쪽으로 편향된 이론이나 학설, 또는 일방적인 주장에 치우치지 않고 객관성을 담보하면서, 또한 과하거나 부족하지 않도록 절제된 언어와 표현을 통하여 균형 감각을 유지하면서, 성경 원문을 번역하고 해석하려고 부단히 노력하여 『주석성경』이 지금의 모습으로 빛을 보게 되었습니다.

이 『주석성경』의 내용을 중심으로 현재까지 저는, 30년 넘게 거의 줄곧 가톨릭대학교 신학대학에서 성서와 관련된 강의를 해오고 있습니다. 독자 여러분도 이 『주석성경』을 '거룩한 독서'를 위한 지침서로 삼아 성경 연구의 기쁨과 보람은 물론, 하느님 말씀의 행간에 담긴 심오하고 충만한 의미를 더 깊이 이해하고 깨달아 신앙생활에 큰 도움을 얻기를 기원합니다.

"당신 말씀은 제 발에 등불, 저의 길에 빛입니다."(시편 119,105)

'생명의 책(예수님의 신원)' 들어가기

신약성경 네 복음서 가운데 가장 늦게 저술된 요한복음(90-100년경)은 로마 황제들이 그리스도인을 가장 가혹하게 박해하던 시기를 배경으로 집필됐다고 추정합니다. 그런데 요한복음에서는 예수님에 관한 기쁜 소식과 신비를 전하는 방법에 있어서, 앞서 집필된 공관복음서(마태오· 마르코· 루카)와는 눈에 띄는 차이점이 발견됩니다. 공관복음서가 예수님의 여러 가지 짧은 말씀을 한데 모아 놓거나, 간략한 말씀이 곁들여진 기적 이야기로 된 작은 단락들을 중심으로 저술되었다면, 요한복음은 예수님과 관련된 사건이나 그분께서 일으키신 표징, 곧 기적들을 선별하여 전해준다는 점입니다.[1] 또한 요한복음의 경우 대부분, 이

---

1. 표징과 관련하여 다음 말씀 참조. 『주님께서 아하즈에게 다시 이르셨다. "너는 주 너의 하느님께 너를 위하여 표징을 청하여라. 저 저승 깊은 곳에 있는 것이든, 저 위 높은 곳에 있는 것이든 아무것이나 청하여라."』(이사 7,11) 이사야서에 따르면 '표징'은 단순히 기적이 아니라, 곧바로 또는 조금 뒤에 눈으로 직접 볼 수 있는 것으로서, 오랜 뒤에 일어날 사건을 확신을 가지고 기다릴 수 있게 도와주는 역할을 한다(이사 8,18; 20; 37,30; 38,7-8 참조). 또한 요한묵시록에서는 영적으로 의미가 있는 사물이나 사건, 장면을 뜻한다(묵시 12,1 참조).
사실 예수님께서 행하신 '기적(그리스말 δύναμις, 뒤나미스)'과 '표징(그리스말 σημεῖον, 세메이온)'은 구별되는 용어이다. 공관복음은 보통 기적들을 표현할 때는 '뒤나미스(권능의 행위)'라는 단어를 사용하는 반면, 메시아 시대의 개시를 알리는 큰 이적을 표현할 때는 '세메이온(표징, 징표)'을 사용한다(마태 12,38; 16,1-4; 마르 8,11-12; 루카 11,16.29). '기

"예수님께서 메시아시며 하느님의 아드님이심을 여러분이 믿고,
또 그렇게 믿어서 그분의 이름으로 생명을 얻게 하려는 것이다."(20,31)

러한 사건이나 표징을 소개한 후, 여기에 담긴 의미를 담화(계시담화)나
설교로 길게 설명하는데, 이렇게 해 나가다가 어느 한 순간에 독자에
게 믿음의 결단을 촉구하면서 매우 극적인 정점에 다다르기도 합니다.

적(뒤나미스)'이 예수님께서 행하신 놀라운 일이나 사건 자체에 관심이 있다면, '표징(세메
이온)'은 예수님께서 행하신 그 일이, 과연 그분이 누구신지 그 신원을 드러내 주는 역할을
하면서 그분에 대한 믿음에 이르도록 돕는 데 있다. 구약성경의 전통(이사 66,19)을 이어받
은 요한복음 사가는 일곱 가지 기적(표징)을 전할 때, 예수님에게서 종말의 사건이 일어난
다는 사실을 가리키기 위하여 '세메이온'이라는 단어를 사용하였다. 그러므로 예수님께서
하나의 기적으로 일으키신 표징은, 그 자체로 종말론적 사건이 되며 이를 일으키신 예수님
에 대한 믿음을 촉구한다.

요한복음은 공관복음에 소개되지 않거나 설령 소개된다 하더라도 다른 시각에서 전해주는 표징(기적)과 행적과 가르침이 주를 이루고 있습니다. 이러한 표징을 통하여 모든 사람이, 예수님께서 구세주(그리스도)요 하느님의 아드님이심을 깨닫고 믿어서 구원을 얻고 그분이 주시는 영원한 생명에 참여하도록 촉구하려는 의도에서 요한복음이 저술되었기 때문입니다(요한 20,31 참조). 이와 같이 요한복음은, 예수님에게서 이루어지는 구원 사건들을 일어난 그대로 이야기하는 것이 아니라, 그 사건들의 중요성을 파악하고 그것을 깊이 있게 창조적으로 표현하였습니다.

대부분의 학자들은, 요한이 당시의 큰 철학적·종교적 흐름이 합류하는 지역, 곧 그리스적 사상과 근동의 신비주의가 만나고, 유다교 자체도 바뀌어서 외부의 여러 영향에 개방적이었던 대도시[2]에 살면서, 오랜 묵상 끝에 자기가 터득하고 또 높이 평가하게 된 여러 사조를 완벽하게 자유로운 입장에서 취합하여, 메시아시며 하느님의 아드님이신(20,31) 예수님의 실체(신원)와 역할이 무엇인지 밝히려고 하였다고 주장합니다.

그래서인지 요한복음은 많은 상징적 표현을 사용합니다. 그것은 있는 그대로의 언행, 곧 첫눈에 파악되는 현상 너머로 독자들을 이끌어 무엇인가를 보여주려는 저자의 신학이 반영되어 있다는 의미일 것입니다. 요한복음 사가가 주님께서 직접 보여주신 표징과 가르침들을 깊

---

2. 2세기 말엽에 이레네오가 "그 다음, 주님의 제자인 요한, 주님의 가슴에 몸을 기대었던 바로 그 사람도 에페소에 머무르는 동안 복음서를 출간하였다." 하고 증언한 바에 따르면 그 대도시는 '에페소'를 가리킬 수 있다.

이 명상하여 복음서를 저술하고 그분에 관하여 증언하였기 때문에, 요한복음은 영성적인 복음서라고 불려 왔습니다. 이미 옛날부터 '영적 복음서'라고 부르기도 하였는데, 알렉산드리아의 클레멘스의 경우가 그렇습니다.

대부분의 학자들은 요한복음을 다음과 같이 네 부분으로 분류합니다.

- 머리글(1,1-18)
- 표징의 책(1,19-12,50)[3]
- 영광의 책(13,1-20,31)[4]
- 부록(21,1-25)

이 복음에서 복음사가가 증언하며 다루는 주제는 예수님 안에 생명이 있고, 그 생명은 사람들의 빛이며, 우리는 그분의 영광(곧 예수님의 십자가상 죽음과 부활)을 보았다는 내용으로 축약할 수 있습니다.

앞에서 지적한 대로, 요한복음서에는 공관복음서 전승의 많은 요소가 나오지 않는 대신 새로운 자료들이 적잖이 들어 있습니다. 이에 착안하여, 예수님의 표징과 행적 중에서 공관복음에서는 전하지 않는 내

---

3. '표징의 책'(1,19-12,50)은 예수님께서 예루살렘에 입성하실 때까지의 표징에 관한 내용을 주로 담고 있다.
4 '영광의 책'(13,1-20,31)은 예수님의 수난과 죽음과 부활에 초점이 맞추어져 있는데, 예수님의 수난사는 그분이 제자들과 마지막 만찬을 하시던 중에 제자들의 발을 씻기는 장면부터 시작된다.

용 가운데, 매번 12가지 정도의 주제를 선택하여 세 차례에 걸쳐 살펴보고 있는데, 이번에 출간하는 소책자가 마지막 순서에 해당합니다.

앞서 펴낸 소책자 '요한복음 신학&영성 1' 『저의 주님, 저의 하느님!』에서는 예수님께서 일으키신 7개의 표징과, 머리글과 부록에서 각각 2개 주제를 선정한 다음, 부활하신 예수님께서 '사도들의 사도(Apostolorum Apostola)'라고 불리는 마리아 막달레나에게 나타나신 장면을 중심으로 살펴보았습니다. 그리고 '요한복음 신학&영성 2' 『다 이루어졌다』에서는 예수님의 행적과 말씀(담화), 가르침 가운데 요한복음 사가가 독특한 관점에서 전해주는 12가지 주제를 다룬 바 있습니다. 이번 소책자에서는 예수님의 신원과 관련된 내용을 전하는 텍스트들 가운데서 역시 아래와 같이 12 주제를 선정해 성자이신 하느님에 관한 신비를 살펴보려고 합니다. 바오로 서간은, 우리 믿음의 본래 대상은 그리스도의 신비, 곧 하느님께서 그리스도를 죽은 이들 가운데에서 부활시키시고, 모든 인간의 유일한 주님이시며 구원자로 삼으신(로마 4,24; 10,9; 1코린 12,3; 15,1-11; 필리 2,8-11), 이 예수 그리스도를 통하지 않고서는 구원을 받을 수 없다는 신비를 강조합니다(로마 3,23-26; 1코린 1,30-31; 갈라 2,16; 에페 1,3-11).

이번 소책자 제1부에서 우리는 예수님께서 직접 '나는 …이다(Ἐγώ εἰμι)'라는 표현을 통하여 당신이 누구신지 스스로 계시해 주신 내용을 중심으로 살펴보고, 제2부에서는 요한복음이 예수님의 신원에 대하여 증언하는 계시 내용을 살펴보려고 합니다. 그런데 당신 신원과 관련하여 예수님께서 직접 계시해 주신 내용을 통해 그분이 구세주(그리스도)

요 하느님의 아드님이심을 우리가 깨닫고 믿어 구원을 얻고 그분이 주시는 영원한 생명에 참여하게 되었기에, 이 세 번째 소책자의 부제를 '생명의 책'이라고 지칭하였습니다.

참고로, 이 소책자에는 이미 출간된 '표징의 책'과 '영광의 책'에서 소개된 내용도 적지 않게 포함되어 있다는 점을 밝히면서 요한복음에 소개된 예수님의 신원과 관련된 내용을 다음과 같이 12가지로 정리하여 소개하려고 합니다.

제1부: 예수님의 신원_예수님의 자기계시

① "나다."(6,20)_"나는 나다."(8,24)

② "나는 생명의 빵이다."(6,35.48)

③ "나는 세상의 빛이다."(8,12; 9,5)

④ "나는 양들의 문이다."(10,7); "나는 문이다."(10,9)

⑤ "나는 착한 목자다."(10,11.14)

⑥ "나는 부활이요 생명이다."(11,25)

⑦ "나는 길이요 진리요 생명이다."(14,6)

⑧ "나는 참포도나무다."(15,1-17)

제2부: 예수님의 신원_요한복음이 증언하는 계시

⑨ 하느님의 말씀_ 하느님의 외아드님_ 하느님(1,1.18)

　ⅰ) 로고스 선재(先在)_영원하신 하느님과 함께 계신 하느님의 말씀 (1,1-9)

　ⅱ) 하느님의 아들_외아드님(1,1.18)

iii) 하느님(1,1.18)

⑩ 하느님의 어린양(1,29)

⑪ 나자렛 사람 예수님(1,45)_사람의 아들(1,51)_다윗의 후손 메시아_그
리스도(1,41)

ⅰ) 나자렛 사람 예수님(1,45)

ⅱ) 요셉의 아들 예수님

ⅲ) 사람의 아들(1,51)

ⅳ) 다윗의 후손 메시아_그리스도(1,41)

⑫ 스승_라뿌니_주님(1,38; 13,13; 20,16; 21,7)

제1부
예수님의 신원 _예수님의 자기계시

    요한복음 사가는 어떤 신학 체계가 아니라 전해 내려오는 성경의 큰 전승에 따라 구원을 가져다주는 사건을 설명하고자 했기 때문에, 그의 모든 관심은 그리스도께만 집중되어 있다. 그는 그리스도를 알고 그분과 통교를 이루는 것이야말로, 신자들이 하느님 아버지를 알아모시며 영원한 생명에 이르는 조건임을 제시하려고 하였다. "때가 차서 하느님의 나라가 가까이 왔다. 회개하고 복음을 믿어라."(마르 1,15)에서처럼 공관복음이 예수님의 말씀과 행적을 통한 하느님 나라 선포에 중점을 두고 있다면, 요한복음은 예수님께서 당신 자신에 대하여 계시하신 말씀이 핵심을 이루고 있다. 또한 공관복음이 복음을 받아들이고 회개하여 구원을 받아 하느님 나라에 들어가는 것을 강조한다면, 요한복음은 예수님께서 선포하신 다른 내용보다 당신 자신에 관한 믿음을 강조하면서 당신을 믿는 그 순간 이미 영원한 생명을 누리게 된다는 점을 역설한다. 여기서 그 믿음이란 예수님께서 하느님의 아드님이시고 그리스도이심을 믿는 것이다.

    요한복음 사가는 공관복음서에 공통된 자료를 독자적으로 선택할 뿐만 아니라 자기만의 자료를 이용한다는 사실로도 다른 복음서 저자들과 구분된다. 그 특징적인 문장 가운데 하나는, 지금 이 소책자 제1부에서 다루고자 하는 '나는 … 이다'를 뜻하는 그리스말 표현 '에고 에이미(Ἐγώ εἰμι)'이다. 예수님께서 이 표현을 이용하여 당신이 누구신지 스스로 계시해 주셨다. 곧 당신 신원과 관련하여 예수님께서는 '나는 …이다'라는 문장에서 보어만 바꾸어 가며 자기계시를 하시는데, 이러한 문장은 요한복음 전체에서 7번 등장한다. 곧 ① "내가 생명의 빵이다."(6,35.41.48.51) ② "나는 세상의 빛이다."(8,12) ③ "나는 문이다."(10,7.9) ④ "나는 착한 목자다."(10.11.14) ⑤ "나는 부활이요 생명이다."(11,25) ⑥ "나는 길이요 진리요 생명이다."(14,6) ⑦ "나는 참포도나무이다."(15,1.5)가 여기에 해당한다.

이 고유한 표현들을 통해 요한복음 사가는 예수님이 누구이며 그분을 통해서 우리에게 주어지는 하느님의 선물이 무엇인가를 증언한다. 곧 하느님께서 주시는 선물은 생명이고, 어둠을 벗어나게 하는 빛이며, 죽음을 이기고 하느님을 알아 아버지께 가는 것인데, 그 빛과 생명은 예수 그리스도 안에 있고 바로 그분이 아버지께 가는 통로, 곧 "길이요 진리요 생명이다."라는 것이다.

머리글 로고스 찬가(1,1-18)에서 선언하듯이, 예수님의 신원은 하느님과 함께 선재하시는 '말씀'·'빛과 생명'·'은총과 진리' 자체, 곧 '하느님'으로 소개된다. 그런데 요한복음 8장도 당신의 신원과 관련한 유다인들과의 논쟁에서 예수님께서 친히 밝히신 내용을 전한다(8,21-30). 유다인들이 "당신이 누구요?" 하고 묻자 예수님께서는 "너희는 사람의 아들을 들어 올린 뒤에야 내가 나임을 깨달을 뿐만 아니라, 내가 스스로는 아무것도 하지 않고 아버지께서 가르쳐 주신 대로만 말한다는 것을 깨달을 것이다. 나를 보내신 분께서는 나와 함께 계시고 나를 혼자 버려두지 않으신다. 내가 언제나 그분 마음에 드는 일을 하기 때문이다."(8,28-29) 하고 답변하신다. '내가 나임'을 깨달으라는 예수님의 말씀은 당신이 성부와 같은 차원의 신적인 존재, 그럼으로써 절대적으로 성실하시고 또 믿을 수 있는 분이라는 사실을 깨달으라는 것이다. 이것은 당신이 십자가에 못 박혀 들어 올려지실 때, 동시에 아버지의 영광 속으로 들어 올려지신다는 사실을 통하여 드러날 것이다(3,14-15; 12,32.34). 아울러 예수님께서는 당신이 하시는 말씀이나 일은 아버지께서 직접 하시는 일이라고 강조하시면서, 당신이 일으키시는 표징들 역시 하느님께서 하시는 일, 곧 하느님의 구원 업적 전체를 드러내는 것임을 역설하신다(5,18; 8,28.42).

물 위를 걸으신 기적을 전하는 단락(요한 6,16-21; 마르 6,45-52)에서 예수님께서는, 갈릴래아 호수를 가로질러 물 위를 걸어오시는 당신을 보고 혼비백산해 공포와 두려움에 떠는 제자들에게 "나다. 두려워하지 마라."(6,20)라고 당신이 누구신지 밝히며 당신의 현존을 드러내신다. 요한복음에 앞서 마르코는 예수님께서 물 위를 걸어오시는 당신을 보고 겁에 질린 제자들에게 "용기를 내어라. 나다. 두려워하지 마라."(마르 6,50) 하고 말씀하셨다고 전한다. 마르코는 이 이야기에서 하느님의 아들 예수님의 신비로운 존재가 드러난다고 이해한 것으로 보인다. 그래서 구약성경의 모세오경과 예언서를 비롯하여 초자연적 계시 이야기에 흔히 나오는 표현인 "두려워하지 마라."라는 격려의 말씀이 이어지는 것이다.

예수님께서 빵을 많게 하시어 오천 명을 먹이고(요한 6,1-15), 이어서 물 위를 걸으신 이적(6,16-21)을 통하여 서로 밀접히 연관되어 있는

"내가 너와 함께 있겠다. 나는 있는 나다."
(탈출 3,12.14)

두 가지 표징을 일으키셨지만, 제자들 모두는 거기에 담긴 계시의 뜻이 무엇인지 그 진정한 의미를 아직도 이해하지 못한다. 곧 구약시대에 광야에서 당신 백성을 배불리 먹이시고 바다를 지배하신 하느님의 권능이 예수님에게서 드러난다는 이 두 가지 표징에 담긴 계시의 뜻을 제대로 깨닫지 못한 것이다.

제자들을 격려하시는 말씀에 나타난 "나다.", 또는 '나는 …이다.'라는 자기소개 형식은, 본디 탈출기를 비롯하여 성경 여러 곳에서 하느님께서 당신 자신을 드러내시는 말씀이다.[1] 탈출기의 경우, 하느님에게서 사명을 받는 순간 모세는 자기에게 당신 자신을 히브리인의 하느님으로 계시하신 그분의 이름이 무엇인지 묻는다. 그러자 하느님께서 점진적으로 당신 이름을 설명하시면서 궁극적으로는 '야훼'[2]라고 밝히셨는데, 이 칭호가 바로 하느님의 고유한 이름이다. 이렇게 당신 이름을 밝히신 다음, 하느님께서는 "이것이 영원히 나의 이름이며, 이것이 대대로 불릴 나의 호칭(기억)이다."(3,15)라고 말씀하신다. 곧 모세의 질문에 대한 대답으로, 하느님께서 '야훼, 이것이 영원히 불릴 나의 이름이다.'라고 답변하시는 것이다.

그런데 이에 앞서 14절에서는 당신 이름을 묻는 모세에게 하느님께

---

1. "나는 있는 나다."(탈출 3,14); "이제 너희는 보아라! 나, 바로 내가 그다. 나 말고는 하느님이 없다."(신명 32,39); "누가 이를 이루고 실행하였느냐? 처음부터 세대들을 불러일으킨이 나 주님이 시작이고 마지막에도 나는 변함이 없으리라."(이사 41,4); "주님의 말씀이다. 너희가 나의 증인이다. 너희는 내가 선택한 나의 종이다. 이는 너희가 깨쳐서 나를 믿고 내가 바로 그분임을 깨닫게 하려는 것이다. 나 이전에 신이 만들어진 일이 없고 나 이후에 어떤 신도 존재하지 않으리라."(이사 43,10)
2. 탈출 3,15에서 계시된 '야훼(יהוה/YHWH)'라는 이름을 성서학 용어로 'Tetragrammaton'(거룩하신 하느님의 이름 네 글자)이라고 부른다.

서, "나는 있는 나다."(אֶהְיֶה אֲשֶׁר אֶהְיֶה/ehyeh aser ehyeh : 탈출 3,14ㄱ)라는 신비스러운 답변을 하신다.[3] 이 수수께끼 같은 답변 말씀은 이름이라기보다는 구(句)에 해당되는 것으로, '야훼'라는 이름에 대한 설명이고, "내가 너와 함께 있겠다."(3,12)[4] 하고 앞부분에서 약속하신 내용에 대한 보증으로 사료된다. 곧 이것은 하느님께서 장차 앞으로 행하실 당신의 구원업적을 통하여 모세를 도와주시며 그와 함께 계시겠다는 확약의 말씀인 것이다(3,12; 4,12.15).

그러므로 "나는 있는 나다."라는 표현은, '나는 너희가 앞으로 (전개될 사건들을 통하여) 보게 될 방식으로 너희와 함께 있겠다.'라는 사실을 모세가 깨닫고 확신하도록 도와주기 위한 것이다. 따라서 "나는 있는 나다."라는 답변에 담긴 의미는 결국 하느님의 실존적, 실천적 현존, 곧 사람들을 위하여 계시는 그분의 존재를 드러낸다. 하느님께서는 인간의 구원 역사를 통하여 당신이 어떤 분이신지를 조금씩 드러내 보이신다. 우리는 이것을 다른 성경 본문들 안에서도 만난다(이사 52,6; 호세 1,9; 묵시 1,4.8).

---

3. 이 구절을 70인역에서는 'Ἐγώ εἰμι ὁ ὤν(나는 있는 자 그이다)'으로 옮기고, 불가타역에서는 'Ego sum qui sum'으로 옮긴다. 여기서는 '이다 또는 있다, 활동적으로 존재하다'의 뜻을 지닌 히브리말 하야(הָיָה) 동사의 1인칭 단수 미완료형이 사용되었는데, 이 동사는 행동이 종결되지 않고 계속되는 것, 곧 미래와 현재의 의미를 함께 지니고 있는 형태이다. 이 대답에는 하느님을 개념적인 존재나 추상적인 존재가 아니라, 행동하시는 존재로 나타내려는 의도가 있다. 부연설명 한다면, "나는 이집트에서 울부짖는 이스라엘이 맨발로 갈대바다를 건너가게 하여 구출하였고(과거), 지금 광야에서는 물과 만나와 메추라기 떼로 양육하고 있으며(현재), 앞으로는 젖과 꿀이 흐르는 약속의 땅을 하사할(미래) 야훼('나는 있는 나다')다."라는 뜻으로 이해된다.(J. Durham, 『탈출기』, 98, 103쪽 참조.)

4. 탈출기 3장 11절에서 모세가, 주어진 소명 앞에서 자기는 그럴 자격이 없노라고 말씀드리자, 주님께서는 "내가 너와 함께 있겠다(אֶהְיֶה עִמָּךְ)."라고 말씀하시면서 모세의 이의를 기각하시고 너를 돕겠다는 징표를 제시하신다.(12절)

요한복음 사가는 이 "나다."라는 형식의 내용을 더욱 발전시키는데, 주로 그는 예수님의 신성을 강조하기 위하여 이 표현을 자주 사용한다(4,26; 8,28.58; 13,19; 18,5.6.8 참조). 특히 당신의 신원을 밝히는 단락(8,21-30)에서 예수님께서는 당신과 관련해 이 표현 방식을 사용하시면서 "정녕 내가 나임을 믿지 않으면,[5] 너희는 자기 죄 속에서 죽을 것이다."(8,24) 하고 말씀하신다(8,24.28.58). 이것은 죄와 죽음에서의 해방이 전적으로, 신앙 안에서 당신을 아는 것에 달려 있음을 강조하는 선언이기도 하다.

또한 당신의 신원과 관련하여 예수님께서는 "너희는 사람의 아들을 들어 올린 뒤에야 내가 나임을 깨달을 뿐만 아니라, 내가 스스로는 아무것도 하지 않고 아버지께서 가르쳐 주신 대로만 말한다는 것을 깨달을 것이다."(8,28) 하고 말씀하신다. 이는 당신이 십자가에 못 박혀 들어 올려지실 때, 동시에 아버지의 영광 속으로도 들어 올려진다는 사실을 계시하신 것이다(3,14-15; 12,32.34). 아울러 이 말씀을 통하여 당신의 말씀이 진실하다는 점은 물론이고 당신이 신적 존재라는 사실이 모든 사람에게 명백해진다는 점을 강조하신다.

앞으로 살펴보겠지만, 예수님께서는 계속 "나는 나다."라는 수수께끼 같은 말씀으로 당신 자신을 표현하신다. 이는 "나는 생명의 빵이다."(6,48) 또는 "나는 세상의 빛이다."(8,12)라는 말씀처럼, 이 표현을 통하여 사람들의 구원자로서 당신의 역할, 곧 당신이 지금 수행하시는

---

5. 여기서 "정녕 내가 나임을 믿지 않으면"을 "정녕 '나는 나다.'라는 사실을 믿지 않으면"으로 옮길 수도 있다.

역할을 서술 형식으로 상기시키는 것이다.

일부에서는 무엇보다 "나는 나다."라는 이 형식이 구약성경의 "이제 너희는 보아라! 나, 바로 내가 그다. 나 말고는 하느님이 없다. 나는 죽이기도 하고 살리기도 한다. 나는 치기도 하고 고쳐 주기도 한다. 내 손에서 빠져나갈 자 하나도 없다."(신명 32,39); "주님의 말씀이다. 너희가 나의 증인이다. 너희는 내가 선택한 나의 종이다. 이는 너희가 깨쳐서 나를 믿고 내가 바로 그분임을 깨닫게 하려는 것이다. 나 이전에 신이 만들어진 일이 없고 나 이후에 어떤 신도 존재하지 않으리라."(이사 43,10; 그리고 41,4; 46,4; 48,12 참조)라는 구절에서처럼 '나는 (늘) 같은 존재이다.'라는 점을 강조하는 그리스말 구약성경에서 잘 알려진 표현법을 가리킬 가능성이 더 높아 보인다고 주장하기도 한다.

또한 일부에서는 방금 소개한 이사야 예언서의 말씀과 연결시켜 요한복음 8장에서 사용된 "나는 나다."(8,24)라는 이 형식이, 시나이 산에서 이루어진 대계시(大啓示), 곧 "나는 있는 나다."를 시사할 수도 있다고 주장한다(탈출 3,14-16). 이 경우에 이 형식은 예수님께서 성부와 같은 차원의 신적인 존재, 그럼으로써 절대적으로 성실하시고 또 믿을 수 있는 분이심을 드러낸다. 수난사화(18,1-19,42)에서 요한은 당신께 닥쳐오는 모든 일을 아시는 예수님께서 당신을 체포하러 온 사람들에게 "누구를 찾느냐?" 하고 물으시고 그들이 "나자렛 사람 예수요." 하고 대답하자 "나다."(18,5.8) 하고 말씀하셨다고 전하며 예수님의 신성을 강조한다.

예수님의 신원을 표현하는 "나다." 또는 "나는 나다."라는 형식은 예수님께서 사마리아 여인과 이야기하시는 단락(4,1-42)에서도 발견된다. 사마리아 여인이 예수님께 "저는 그리스도라고도 하는 메시아께서 오신다는 것을 압니다. 그분께서 오시면 우리에게 모든 것을 알려 주시겠지요." 하자, 예수님께서는 "너와 말하고 있는 내가 바로 그 사람이다."(4,26) 하고 말씀하셨다. 예수님께서는 당신이 메시아이심을 선포한 것이지만, 예수님의 이 대답은 더욱 폭넓은 신학적 의미를 지니는 것일 수 있다. 예수님께서는 곧 하느님께서 당신 자신을 모세에게 계시하신 "나다."라는 표현 방식을 당신 자신께 적용한 것이다(탈출 3,14-15; 호세 1,9 참조).

제자들의 발을 씻어주시는 단락(13,1-20)에서도 예수님께서는, 제자들 가운데 하나(유다 이스카리옷)가 당신을 배신한다는 것을 미리 암시하시며 "일이 일어나기 전에 내가 미리 너희에게 말해 둔다. 일이 일어날 때에 내가 나임을 너희가 믿게 하려는 것이다."(13,19) 하고 말씀하셨다. 이는 자기들 가운데 한 사람이 스승님을 배신하는 당혹스러운 일이 벌어지더라도, 예수님께서 이 사실을 미리 말씀하셨다는 것을 기억하며 절망하지 않고 용기를 내도록 일깨워주시기 위해서였다. 이 예고가 예수님께서 모든 일을 다 아신다는 것, 그리고 그분의 삶이 성경에서 예고된 하느님의 뜻에 부합한다는 사실을 드러내기 때문이다.

한편 유다인들이 "당신은 아직 쉰 살도 되지 않았는데 아브라함을 보았다는 말이오?" 하고 다그치듯이 말했을 때, 예수님께서는 "내가 진실로 진실로 너희에게 말한다. 나는 아브라함이 태어나기 전부터 있었다."(8,58) 하고 말씀하셨다. 여기서 "나는 아브라함이 태어나기 전부터 있었다."를 그대로 옮기면 "나는 아브라함이 태어나기 전에 있다."이다. "나는 … 있다."에 해당하는 이 그리스말은, 앞에서 설명

"내가 진실로 진실로 너희에게 말한다.
나는 아브라함이 태어나기 전부터 있었다."(8,58)

한 "정녕 내가 나임을 믿지 않으면, 너희는 자기 죄 속에서 죽을 것이
다."(8,24) 및 "너희는 사람의 아들을 들어 올린 뒤에야 내가 나임을 깨
달을 뿐만 아니라, 내가 스스로는 아무것도 하지 않고 아버지께서 가
르쳐 주신 대로만 말한다는 것을 깨달을 것이다."(8,28)에 나오는 "내가
나임"과 똑같은 단어이기 때문에, 이 말은 "나는 … 나다."로 번역될
수도 있다. 따라서 예수님께서는 하느님을 아버지라고 부르실 뿐 아니
라(8,54), 하느님께서 모세에게 사명을 부여하실 때 당신 이름으로 계

시하신 그 칭호(이름)를 당신 자신에게 적용하심으로써, 하느님의 아드님(성자)이신 당신이 창조 이전부터 존재하셨음을 드러내시며 당신의 신성(神性)을 주장하시는 것이다(요한 1,1-3 참조).

요한복음도 공관복음서 전승에서 다루는 사건들을 많이 전한다. 예를 들면, 예수님께서 당신의 신원과 관련하여 일으키신 두 가지 표징, 곧 빵을 많게 하시어 오천 명을 먹이고(요한 6,1-15) 물 위를 걸으신 이적(6,16-21)을 포함하여 예루살렘에서 벌어지는 논쟁(7-8장과 10장), 눈먼 이를 고쳐 주신 기적(9,1-41), 베타니아에서 한 여자가 예수님께 향유를 발라 드린 일화, 그리고 수난과 부활을 둘러싼 사건들의 전개(12-21장) 등의 경우가 여기에 해당한다. 특히 요한복음은 예수님께서 유다인들의 축제 때에 특별한 표징을 드러내는 등 의미 깊은 행동을 하셨는데, 이러한 행동이 늘 유다인들과 논쟁하게 된 계기가 되었음을 강조한다. 이 사실은 복음서 저자 시대에 그리스도교와 유다교 사이에 벌어진 논쟁의 맥락에서 이해해야 할 것이다.*

예수님께서는 갈릴래아에서 맞은 두 번째 파스카 기간에 오천 명을 먹이신 빵의 표징을 일으키셨다(6,4). 요한복음 6장 전체는 두 가지 표징, 곧 '빵과 물고기를 많게 하신 표징'(네 번째 표징: 6,1-15)과 '물 위를

"내가 줄 빵은 세상에 생명을 주는 나의 살이다."
(6,51)

걸으신 표징'(다섯 번째 표징: 6,16-21), 그리고 두 가지 계시담화, 곧 '생명의 빵'(6,22-59)과 '영원한 생명'에 관한 말씀과 그에 따른 결단을 촉구하는 담화(6,60-71)로 구성되어 있다. 이를 순서대로 소개하면, 예수님께서 빵을 많게 하시어 오천 명을 먹이시고(6,1-15) 물 위를 걸으신 기적(6,16-21), 생명의 빵(6,22-59), 영원한 생명의 말씀(6,60-71)으로 이어지는데, "나는 생명의 빵이다."(6,35.48)라는 말씀은 '생명의 빵'에 대한 계시담화에 속한다.

그런데 요한복음의 빵과 물고기를 많게 하신 기적과 비슷한 이야기가 복음서들에 여섯 번(마태오복음서와 마르코복음서에 각각 두 번, 루카복음서와 요한복음서에 각각 한 번) 나온다. 이러한 사실은 복음서들이 초대교회의 성찬례 모임에 특별한 관심을 갖고 있었음을 의미한다. 이 사실은 전례에서 형식을 갖추게 된 표현인 "예수님께서는 빵을 손에 들고 감사를 드리신 다음, 자리를 잡은 이들에게 나누어 주셨다. 물고기도 그렇게 하시어 사람들이 원하는 대로 주셨다."(6,11)라는 말씀을 통해서도 확인된다. 특히 "그런데 티베리아스에서 배 몇 척이, 주님께서 감사를 드리신 다음 빵을 나누어 먹이신 곳에 가까이 와 닿았다."(6,23)라는 말씀에서 '감사를 드리신 다음'이라는 표현을 참조할 때, 이 '생명

---

* 요한복음에서 2,13.23; 6,4; 11,55; 12,1; 13,1; 18,28.39의 배경은 파스카 축제와 관련되고, 7,2의 배경은 초막절, 10,22는 성전 봉헌 축일과 관련된다. 슈낙켄부르크는, 요한복음에서 요한은 예수님의 길을 극적으로 서술하려는 의도에서 공간적 구도처럼 시간적 구도도 그리스도론적 관심에 따라 설정하였다고 주장한다. 그래서 요한복음 7장의 초막절 때만 해도 군중과 지도자들이 예수님께 제각각의 반응을 보이다가, 성전 봉헌 축제 때는 현저히 과격한 대결 양상을 띠게 되었고, 마지막 파스카에 가서는 배척과 박해가 거의 화해 불가능 상황으로 치달았다는 것이다(11,57; 12,9-10). 이로써 요한이 왜 성전 정화를 예수님의 활동 초기에 배치하였는지, 예수님께서 성전에 올라가실 때마다 왜 유다인들의 공격이 점점 심해졌는지가 설명된다고 주장한다.

의 빵' 단락(6,22-59) 전체가 초대 교회에서 거행되던 성찬례의 맥락에서 전개된다는 사실이 강조된다.

빵의 기적으로 배불리 먹은 군중은 호수 건너편을 왔다 갔다 하면서 예수님을 열광적으로 찾아 나서는데, 그들을 향해 예수님께서는 "내가 진실로 진실로 너희에게 말한다. 너희가 나를 찾는 것은 표징을 보았기 때문이 아니라 빵을 배불리 먹었기 때문이다."(6,26) 하고 말씀하셨다. 군중은 예수님의 권능을 사실로 인정하게 되었다. 하지만 그 사실에 담긴 참의미는 깨닫지 못하고, 오직 예수님의 권능에서 얻을 수 있는 이익 때문에 예수님에 대하여 관심을 가지고 있었다. 그러나 믿음은 예수님께서 하신 일을 표징으로 받아들이는 데에서 생겨나며, 그 표징 너머의 다른 것, 곧 그 의미를 제대로 깨달아야 하는 것이다.

예수님께서는 바로 이어서 "너희는 썩어 없어질 양식을 얻으려고 힘쓰지 말고, 길이 남아 영원한 생명을 누리게 하는 양식을 얻으려고 힘써라. 그 양식은 사람의 아들이 너희에게 줄 것이다. 하느님 아버지께서 사람의 아들을 인정하셨기 때문이다."(6,27) 하고 말씀하신다. 예수님은 사람들을 먹이시고 또 살리는 분이시다. 특히 요한복음에서 '영원한 생명'은 무엇보다 하느님과 다시 화해하여 살아가는 것이기 때문에, 이러한 의미에서 '생명'과 '믿음'은 결국 하나인 셈이다. 여기서 '사람의 아들'께서 행하시는 표징들은, 하느님께서 하늘에서 오신 분인 그분 활동의 정통성을 보장해 주시는 것이며(3,33), 또 사람들이 사람의 아들을 통하여 영원한 생명을 얻을 수 있다는 가능성을 보여주는 것이기도 하다. 그러므로 군중은 빵을 먹는 것만으로 만족해서는 안 되고, 빵을 많게 하신 분을 보고 열광만 해서도 안 되며, 그 표징에 담긴 의미, 곧 그분이 사람들을 먹이시고 또 살리시는 분임을 믿어야 한다.

그러자 그들이 "하느님의 일을 하려면 저희가 무엇을 해야 합니까?"(6,28) 하고 물었다. 예수님께서 "하느님의 일은 그분께서 보내신 이를 너희가 믿는 것이다."(6,29) 하고 대답하셨는데, '하느님을 위하여 일하는' 유일한 길은, 그분께서 보내신 분을 믿음으로써 그분의 일에 협조하는 것이다.

그들이 "그러면 무슨 표징을 일으키시어 저희가 보고 선생님을 믿게 하시겠습니까? 무슨 일을 하시렵니까? '그분께서는 하늘에서 그들에게 빵을 내리시어 먹게 하셨다.'는 성경 말씀대로, 우리 조상들은 광야에서 만나를 먹었습니다."(6,30) 하면서 예수님께 또 다시 다그치듯이 물었다. 이집트 탈출 때의 기적 가운데에서 가장 놀라운 기적으로 간주되는 것은, 광야에서 이스라엘인들이 매일 받아먹은 만나였다(탈출 16,15; 민수 11,7; 21,5; 신명 8,3; 지혜 16,20). 군중은 이 사실을 자랑스럽게 내세우며, 옛날 이스라엘인들이 보았던 기적들보다 더 훌륭한 이적을 일으켜 메시아라는 당신의 주장을 증명해보라고 요구하는 것이다. 사람들은 예수님께서 빵을 많게 하신 기적을 목격하였지만, 표징을 일으키신 그분의 실체(신원)는 알아보지 못하였다. 큰 기적을 본다고 믿음의 눈이 그냥 열리는 것이 아니기 때문에, 표징에 담긴 의미, 곧 그분이 누구신가를 제대로 알아보기 위해서는 믿음이 필요하다.

이처럼 빵을 많게 하신 기적과 물 위를 걸으신 기적을 목격하고도 예수님이 누구신지 그분의 신원을 제대로 깨닫지 못한 채 또 다른 기적을 요청하는 그들에게 예수님께서는 "내가 진실로 진실로 너희에게 말한다. 하늘에서 너희에게 빵을 내려 준 이는 모세가 아니다. 하늘에서 너희에게 참된 빵을 내려 주시는 분은 내 아버지시다. 하느님의 빵은 하늘에서 내려와 세상에 생명을 주는 빵이다."(6,32-33) 하고 말씀하신다. 요한복음에서는 이스라엘인들이 구약의 가장 위대한 인물로 여기는 모세(1,17; 5,45-46; 7,19.24)를 비롯하여, 야곱(4,4-15), 아브라함(8,31-59) 등과 같은 위대한 구약성경의 인물이 자주 언급된다. 그런데 이들은 모두 예수님 안에서 이루어질 구원의 도래를 증언하는 지난 과거에 속한 인물들일 뿐이다. 초기 그리스도인들은 구약성경을 무엇보다 하느님 아드님의 강생에 대한 예언으로 간주하고, 예수님에게서 구약성경의 약속들이 실현되었다고 믿었다. 예를 들면, 빵을 배불리 먹은 사람들은 예수님께서 일으키신 표징을 보고, "이분은 정말 세상에 오시기로 되어 있는 그 예언자시다."(6,14) 하고 말하였는데, 그들은 '주 하느님께서 이스라엘에게 모세와 같은 예언자를 일으켜 주실 것'(신명 18,15 참조)이라는 약속이 예수님에게서 이루어진 것으로 생각하였다. 그런데 광야에서 백성들에게 만나와 메추라기를 보낸 이가 모세가 아니라 하느님이셨듯이, 신적인 권능으로 빵과 물고기를 많게 하신 기적을 통하여 군중을 배불리신 분은 예수님이시다. 그러므로 "하늘에서 너희에게 참된 빵을 내려 주시는 분은 내 아버지", 곧 십자가 위에서 자신을 희생 제물로 봉헌하시어 당신 몸과 피를 양식으로 내어주시는 하느님이신 예수님이시다.

그러자 그들이 즉시 "선생님, 그 빵을 늘 저희에게 주십시오." 하고 간청하였다. 예수님께서는 "내가 생명의 빵이다. 나에게 오는 사람은 결코 배고프지 않을 것이며, 나를 믿는 사람은 결코 목마르지 않을 것이다."(6,34-35) 하고 말씀하신다. 예수님께서는 하느님의 선물인 '생명'

이나 '빛'이 당신 안에서 완성된다고 말씀하시는데, 이처럼 당신 친히 '생명' 또는 '빛'이라는 표현을 가끔 사용하신다(8,12; 10,7.9; 11,25; 14,6; 15,1). 예수님을 믿는다는 것은 참 생명에 동참하는 것이기 때문에, 예수님을 믿는 이들에게 그분은 "생명의 빵이시다."(51절)

그러나 그들은 "나는 하늘에서 내려온 빵이다."(6,41)라는 예수님의 말씀을 듣고, "저 사람은 요셉의 아들 예수가 아닌가? 그의 아버지와 어머니도 우리가 알고 있지 않은가? 그런데 저 사람이 어떻게 '나는 하늘에서 내려왔다.'고 말할 수 있는가?"(6,42) 하고 수군거리며 인간적인 측면에서 그분의 신원에 대하여 서로 말하기 시작하였다. 이에 대하여 예수님께서는 "내가 진실로 진실로 너희에게 말한다. 믿는 사람은 영원한 생명을 얻는다. 나는 생명의 빵이다. 너희 조상들은 광야에서 만나를 먹고도 죽었다. 그러나 이 빵은 하늘에서 내려오는 것으로, 이 빵을 먹는 사람은 죽지 않는다. 나는 하늘에서 내려온 살아 있는 빵이다. 누구든지 이 빵을 먹으면 영원히 살 것이다. 내가 줄 빵은 세상에 생명을 주는 나의 살이다."(6,47-51) 하고 말씀하시며 더욱 심오하게 계시담화를 이어가신다.

특히 마지막 절인 "내가 줄 빵은 세상에 생명을 주는 나의 살이다."(6,51ㄴ)에서 '살'은, 가능성과 나약성까지 포함하여 인간의 실체를 이루는 모든 것을 가리킨다. 이는 이렇게 '살'을 취하시어 사람이 되심으로써 나약한 인간의 조건 아래 존재를 시작하시고, 십자가 죽음을 통하여 인류 구원을 완성하신 그분의 구원 가치를 강조하는 것이다. 또한 "내가 줄 빵은 세상에 생명을 주는 나의 살이다."라는 이 말씀은 넌지시 당신의 수난을 암시하는 "이는 너희를 위하여 내어 주는 내

몸이다."(루카 12,19; 1코린 11,24)라는 말씀과 연결되는데, 분명 여기에는 예수님의 죽음이 지니는 세상 구원의 차원을 드러내는 전통적 표현이 담겨 있다. 곧 예수님께서는 십자가의 죽음을 통하여 당신 자신을 기꺼이 내어주심으로써 영원한 생명의 근원이 되신다(10,11.15; 11,50-52; 15,13; 17,19; 18,14; 1요한 3,16 참조). 이렇게 예수님께서는 당신의 죽음과 부활을 통하여 몸소 '생명의 빵'이 되시어 구약의 약속을 충만하게 실현하셨다. 곧 "너희 조상들은 광야에서 만나를 먹고도 죽었지만"(6,49) 당신 몸인 이 '생명의 빵'을 먹는 사람은 죽지 않고 영원한 생명을 얻는다는 것이다.

바로 이어지는 말씀들(6,52-59) 안에서 요한은, 앞에서 제시한 주제들 가운데 많은 내용을 반복하면서 이 '생명의 빵' 단락의 마지막 부분을 마무리한다. "내가 줄 빵은 세상에 생명을 주는 나의 살이다."(6,51) 하고 예수님께서 말씀하시자, 즉시 "저 사람이 어떻게 자기 살을 우리에게 먹으라고 줄 수 있단 말인가?"(6,52) 하며, 유다인들 사이에 말다툼이 벌어졌다. 그러나 예수님께서는 "내 살을 먹고 내 피를 마시는 사람은 영원한 생명을 얻고, 나도 마지막 날에 그를 다시 살릴 것이다. 내 살은 참된 양식이고 내 피는 참된 음료다. 내 살을 먹고 내 피를 마시는 사람은 내 안에 머무르고, 나도 그 사람 안에 머무른다."(6,55-56) 하고 말씀하시면서 성체성사에 대한 가르침을 계속 이어가신다. 최후의 만찬 때에 제자들에게 주신 빵과 포도주, 곧 그리스도의 살과 피는 생명을 보장하는 양식과 음료가 되어 그분과, 또 그분을 통하여 성부와 일치를 이루는 삶을 살아가게 하는데, 이제 성찬례가 바로 이 일치를 특권적으로 드러내는 표징이 되는 것이다. 또한 하늘에서 내려오셨다가 다시

"주님, 저희가 누구에게 가겠습니까?
주님께는 영원한 생명의 말씀이 있습니다.
스승님께서 하느님의 거룩하신 분이라고 저희는 믿어 왔고
또 그렇게 알고 있습니다."(6,68-69)

그리 올라가신 사람의 아들을 믿고 또 그분께서 제정하신 성체성사에
동참하는 이들은, 그분 안에 있는 이 천상적 생명을 나누어 받게 된다.
그리하여 성체성사는 믿는 이들에게 부활의 '누룩'과 같은 것이 된다
(5,21-29; 6,39.40.44 참조).

그런데 "나는 생명의 빵이다."(6,35.48)라는 예수님의 담화를 들은 사람들의 반응은 극명하게 두 가지로 나타난다. 제자들 가운데 많은 사람이 예수님께서 말씀하시는 것을 듣고 "이 말씀은 듣기가 너무 거북하다. 누가 듣고 있을 수 있겠는가?"(6,60) 하고 말하며 그분을 떠났다. 그리고 "주님, 저희가 누구에게 가겠습니까? 주님께는 영원한 생명의 말씀이 있습니다. 스승님께서 하느님의 거룩하신 분이라고 저희는 믿어 왔고 또 그렇게 알고 있습니다."(6,68-69) 하고 대답한 시몬 베드로와 같은 부류가 또 있었다. 이와 같이 예수님의 표징과 담화 내용은 우리에게 "과연 나는 어느 부류에 속하는가?"를 자문하며 신앙의 결단을 내릴 것을 촉구한다.

"나는 세상의 빛이다" 03

무엇보다 요한복음은 머리글(1,1-18)에서부터 하느님께서 신비스러운 존재, 곧 '빛'과 '생명'의 근원이신 분이라고 제시한다. 8장에서는 '세상의 빛'(8,12-20)이신 예수님과 예수님께서 스스로 자기계시를 통해 당신의 신원을 알려주시는 내용(8,21-30)을 전한 다음, 곧바로 태어나면서부터 눈먼 사람을 고쳐주신 단락(9,1-41)으로 이어지는데, 여기서 예수님께서는 "내가 이 세상에 있는 동안 나는 세상의 빛이다."(9,5)라고 말씀하신다. '눈먼 사람'을 보게 하신 예수님의 이 표징이 지닌 의미는 "나는 세상의 빛이다."(8,12)라는 점을 확증해 주는 것이다.

　　요한복음의 현재 구조를 자세히 보면, "나는 세상의 빛이다."(8,12-20)라는 단락 바로 앞에 요한복음에만 전해지는 '간음하다 잡힌 여자'(7,53-8,11)에 관한 이야기가 자리 잡고 있는데, 그 구조나 내용면에서 볼 때 이 일화가 위치한 자리는 연결 부분이 매끄럽지 못하고 매우 낯설다. 하지만 간음이 '어둠'에 속한다면 '빛'은 생명에 속하는 것임을 고려할 때, 아마도 요한복음의 주제어 가운데 하나인 '어둠'과 '빛', '심판'과 '구원'이라는 두 가지 대당 개념을 비교하려는 의도에서 이

"나는 세상의 빛이다.
나를 따르는 이는 어둠 속을 걷지 않고 생명의 빛을 얻을 것이다."
(8,12)

일화가 여기에 자리 잡은 것으로 보인다.

성경에서 '빛'이라는 표상은 여러 의미로 사용된다. 그 가운데서 무엇보다도 마치 태양이 길을 비추듯이 인간이 하느님을 향해 나아가는 길을 밝혀 주는 표상으로 이해할 수 있다. 이러한 의미에서 구약성경은 하느님의 지혜이며 하느님의 말씀인 율법이 '빛'이라고 말한다(시편 119,105). 아울러 이집트 탈출 때 광야에서 이스라엘 백성을 이끌었던 불기둥도 이 '빛'의 표상에 포함시킬 수 있다(탈출 13,21-22).

예수님께서는 "나는 세상의 빛이다. 나를 따르는 이는 어둠 속을 걷지 않고 생명의 빛을 얻을 것이다." 하고 '빛'의 표상을 이용해 말씀하시면서 당신 자신을 진리의 전달자로 계시하신다. 요한복음처럼 요한 1서도 "우리가 그분에게서 듣고 이제 여러분에게 전하는 말씀은 이것입니다. 곧 하느님은 빛이시며 그분께는 어둠이 전혀 없다는 것입니다."(1요한 1,5) 하고 강조하면서 '빛'이라는 표상을 계시와 모든 성성(聖性)의 원천이신 하느님께 적용한다. 신(神)과 관련하여 빛을 이야기하는 것은 그리스도교 이외의 종교에서도 공통적으로 나타나는 현상이다. 하지만 근본적으로 다른 점도 있다. 당시 성행하던 밀교(密敎)에서는 내적 영감이나 황홀경, 그리고 입문 의식 등을 통해 빛의 나라에 접근할 수 있다고 생각하였다. 그러나 요한1서는 "나, 주 너희 하느님이 거룩하니 너희도 거룩한 사람이 되어야 한다."(레위 19,2)라는 말씀을 토대로, 어둠이 없으신 하느님의 존재로부터 신자들 역시 빛 속에서 살아가야 한다고 권고한다.

"나는 세상의 빛이다."(8,12)라고 말씀하시는 예수님께 바리사이들은 스스로 자기 자신을 위한 증언을 하는 것은 유효하지 않다는 일반적인 원칙을 내세우며 이의를 제기한다. 예수님께서는 "내가 나 자신에 관하여 증언하여도 나의 증언은 유효하다. 내가 어디에서 왔고 어디로 가는지 알기 때문이다. 그러나 너희는 내가 어디에서 왔는지, 또 내가 어디로 가는지 알지 못한다."(8,14) 하고 말씀하시며 당신께는 이 원칙이 적용되지 않는다고 주장하신다. 당신은 성부에게서 오셨다가 다시 성부께 돌아가는 유일한 분이기 때문에, 오직 당신만이 당신 자신에 대하여 증언하시고 표현해 낼 수 있는 분이라고 역설하는 것이다. 또한 예수님께서는 이 말씀을 통하여, 인간적인 증언만을 제시하면서 주장하는 사람들은 이러한 인식과 깨달음에 도달할 수 없음을 강조하신다.

하지만 율법은 분명 "누구든지 사람을 죽였을 경우에는 증인들의 말에 따라 그 살인자를 처형해야 한다. 그러나 증인 한 사람의 증언만으로는 사형에 처하지 못한다."(민수 35,30)라는 규정을 비롯하여 두 사람의 증언의 중요성을 강조한다(신명 17,6; 19,15). 그래서 예수님께서도 이 율법 규정을 손숭하시고 이 맥락 안에서 "너희의 율법에도 두 사람의 증언은 유효하다고 기록되어 있다. 바로 내가 나 자신에 관하여 증언하고 또 나를 보내신 아버지께서도 나에 관하여 증언하신다."(8,17-18) 하고 말씀하셨다. 사실 당신 자신과 성부께서 증언하시기 때문에, 이로써 두 사람 이상의 증언이어야 유효하다는 율법의 원칙이 충족된 셈이다. 그러나 예수님의 해명에도 불구하고 그분의 말씀을 듣는 이들은, 당신 자신과 성부께서 증언하신다는 이 말씀의 의미가 무엇인지 아직도 이해할 준비가 되어 있지 않았다.

또한 성경은 '빛'과 '어둠'을 대비하면서 선과 악이 대립하고 있는 이 세상 상황을 표현하는 데에 이 표상을 사용한다. 특히 세상에 살고 있는 사람들을 어둠 속에서 생명을 찾아 헤매는 것으로 묘사한다. 곧 빛이신 그리스도께서 이 세상에 오셨기 때문에, 그 빛을 받아들일 것인가 말 것인가 결단을 내려야 한다는 것이다. 요한복음에서 안드레아를 비롯한 첫 제자들 이후 많은 이가 예수님의 부르심을 받고 그분의 제자가 되었는데(1,37.38.41.43; 10,4.27; 12,26; 13,36-37; 21,19.22), 이들은 그 여정의 마무리 단계에서 십자가를 통하여 성부의 영광 속으로 들어가신 예수님을 '빛' 그 자체로 알아보게 된다. 곧 '머리글'에서 요한은 "그분 안에 생명이 있었으니 그 생명은 사람들의 빛"(1,4)이었음을 선언하면서 예수님께서 성부 곁에서 누리는 참 '생명'으로 인도해 주는 길을 밝히시고 또 그 길을 걸어가게 해 주시는 '빛'이심을 칭송한다. 그러나 바로 이어 "그 빛이 어둠 속에서 비치고 있지만 어둠은 그를 깨닫지 못하였다."(1,5)라고 전하면서, 모든 사람을 비추는 참빛이 이 세상에 왔지만(1,9 참조), 그들이 하는 일이 악하였기 때문에 사람들은 빛보다 어둠을 더 사랑하였음을 강조한다. 그뿐 아니라, 자기가 한 일이 드러나지 않게 하려고 악을 저지르는 자는 누구나 빛을 미워하고 빛으로 나아가지 않지만, 진리를 실천하는 이는 자기가 한 일이 하느님 안에서 이루어졌음을 드러내려고 빛으로 나아간다고 역설한다(3,19-21 참조). 이와 같이 하느님에게서 온 이 '빛'을 받아들이느냐 또는 거부하느냐에 따라 사람들의 운명이 갈라지는 것이다(9,39-41; 12,37-50 참조).

태어나면서부터 눈먼 사람을 고쳐주신 표징을 전하는 단락(9,1-12)에서, 제자들이 예수님께 "스승님, 누가 죄를 지었기에 저이가 눈먼 사람으로 태어났습니까? 저 사람입니까, 그의 부모입니까?"(9,2) 하고 여쭙자 예수님께서는 "저 사람이 죄를 지은 것도 아니고 그 부모가 죄를 지은 것도 아니다. 하느님의 일이 저 사람에게서 드러나려고 그리된 것이다."(9,3) 하고 대답하셨다. 옛날에는 '죄'와 육체적 질병 사이에 밀접한 관련이 있다는 생각이 널리 퍼져 있었다(탈출 9,1-12; 시편 38,2-6; 에제 18,20 참조). 태어나면서부터 병이 들었을 경우, 유다교의 어떤 라삐들은 부모의 죄 때문이라고 하고, 또 다른 라삐들은 아기가 잉태 기간 중에 잘못하였기 때문이라고 주장했기 때문에 이러한 배경에서 제자들이 예수님께 여쭈어본 것으로 보인다. 이 답변에서 예수님께서는 어떤 새로운 설명을 제시하시기보다는 당시의 일반적인 생각을 배척하시고, 그 질병을 그냥 현실로 받아들이시면서 그를 육체적으로 완전히 건강하게 만들어 주려고 하신다. 이 기적을 통하여 예수님께서는 당신이 하늘에서 오셨음을 사람들에게 드러내는 표징으로 완수하시며, 그들에게 '참빛'이신 당신을 받아들이라고 촉구하신다. 여기서 앞을 못 보는 상태에서 보는 상태로 건너감은, 불신과 죽음에서 믿음과 생명으로 건너감을 상징한다. 이러한 의미에서 이 눈먼 이는 신앙에 이르게 되는 이들의 본보기가 될 수 있다.

이어서 예수님께서는 "나를 보내신 분의 일을 우리는 낮 동안에 해야 한다. 이제 밤이 올 터인데 그때에는 아무도 일하지 못한다. 내가 이 세상에 있는 동안 나는 세상의 빛이다."(9,4-5) 하고 말씀하신다. 옛날 사람들은 주로 해가 있는 동안에만 일하였기 때문에, 이러한 시각에서 사람의 삶과 활동 기간을 가끔 일하는 하루의 낮 시간에 비유하곤 하였다. 그래서 세상의 빛이신 예수님께서도, 모든 사람의 행복을 위하여 당신이 하시는 성부의 구원 활동을 하루의 활동으로 비유하시며 "낮은 열두 시간이나 되지 않느냐? 사람이 낮에 걸어 다니면 이 세상의 빛을 보므로 어디에 걸려 넘어지지 않는다. 그러나 밤에 걸어 다니면 그 사람 안에 빛이 없으므로 걸려 넘어진다."(11,9-10) 하고 말씀하신다. 세상의 빛으로 이 세상에 오신 예수님께서는 당신을 믿는 사람은 누구나 어둠 속에 머무르지 않고 안전하게 걸어갈 수 있도록 빛을 사람들에게 가져다주시기 때문에(12,46), 그분만이 유일한 구원이시다(8,12; 12,35). 그러므로 예수님의 권고대로 "빛이 너희 곁에 있는 동안에 그 빛을 믿어, 빛의 자녀"(12,36)가 되어야 하는데, 여기서 '빛의 자녀'라는 칭호는 믿음으로 빛의 영역에 들어가 살아가는 이들을 가리킨다. 이 점을 강조하면서 요한은 "만일 우리가 하느님과 친교를 나눈다고 말하면서 어둠 속에서 살아간다면, 우리는 거짓말을 하는 것이고 진리를 실천하지 않는 것입니다. 그러나 그분께서 빛 속에 계신 것처럼 우리도 빛 속에서 살아가면, 우리는 서로 친교를 나누게 되고, 그분의 아드님이신 예수님의 피가 우리를 모든 죄에서 깨끗하게 해 줍니다."(1요한 1,6-7); "그러면서도 내가 여러분에게 써 보내는 것은 새 계명입니다. 그것은 그리스도께도 또 여러분에게도 참된 사실입니다. 어둠이 지나가고 이미 참빛이 비치고 있기 때문입니다. 빛 속에 있다고 말하면서 자기 형제를 미워하는 사람은 아직도 어둠 속에 있는 자입니다. 자기 형제를 사랑하는 사람은 빛 속에 머무르고, 그에게는 걸림돌이 없습니다."(1요한 2,8-10) 하고 권면한다. 바오로 사도도 "여러분은 한때 어둠이었지만 지금은 주님 안에 있는 빛입니다. 빛의 자녀답게 살아가십시오."(에페 5,8) 하고 권고한다.

요한복음 사가는 구약성경을 분명한 방식으로 인용하는 일이 드물지만, 구약과 신약을 명확히 구분하려고 애를 쓰면서도 구약성경의 여러 표현 방식, 특히 지혜 문학의 여러 주제를 이용한다. 예를 들면 물, 천상 양식과 만나, 목자, 포도나무, 성전 등이 여기에 속한다. 이는 요한이 이러한 주제들과 그 변형을 잘 알고 있었을 뿐만 아니라, 그것들을 개성 있게 또 독창적으로 이용할 줄도 알았음을 뜻한다.

요한복음 10장은 네 개의 단락, 곧 '목자의 비유'(1-6절), '나는 착한 목자다'(7-21절), '예루살렘 성전 봉헌 축제 중에 유다인들이 예수님을 배척함'(22-39절), '예수님께서 요르단강 건너편으로 가심'(40-42절)으로 이어진다.

첫째 단락 '목자의 비유'(10,1-6)에서는 해야 할 일을 하려고 정상적인 방법으로 양 우리 안에 들어가는 목자와 비정상적인 방법으로 우리 안에 들어가 오로지 자기 이익만을 위하여 양들 위에 군림하려는 자들이 대조된다. 그리고 이 두 번째 사람들이 바로 '태어나면서부터 눈먼 사람을 고쳐 주신 표징'(9,1-41)에 등장하는 바리사이 율법 학자들임이 드

"나는 양들의 문이다."(10,7);
"나는 문이다."(10,9)

러난다. '목자의 비유'에 이어 둘째 단락(7-21절)은 "나는 착한 목자다."라는 말씀을 중심으로, 예수님께서 십자가에서 죽으시기까지 당신 자신을 스스로 내놓으신다는 10장의 핵심부분(11-18절)이 계시된다.

사실 구약시대 목자들의 직무와 책임은 무거웠고 그 요구는 엄격했다. 목자들은 막대기나 구식 무기 또는 개(욥기 30,1)를 이용하여 도둑들(창세 31,39)과 사자들(1사무 17,34-35; 이사 31,4; 미카 5,8), 그리고 그 밖의 맹수들에 맞서 싸워야 했다. 율법에 따르면(탈출 22,12-13; 아모 3,12), 야수에게 찢긴 짐승이나 양의 남은 조각을 가져온 목자는 그 손실을 보상할 책임이 없었지만, 그렇지 않은 경우에는 변상해야 했다. 이와 같이 목자들은 자기에게 맡겨진 양의 수를 정확히 센 후(레위 27,32; 예레 33,13; 에제 20,37), 잃어버린 양에 대해서는 반드시 변상을 해야 했으며, 혹시 한 마리라도 죽임을 당하면 시체의 한 부분이라도 보여주어 그 양이 변을 당했음을 입증해야 했다. 무한책임에 가까운 목자들의 이러한 직무를 참조할 때, 예수님께서 말씀하시는 착한 목자상은 깊은 울림을 준다.

예수님 시대의 팔레스티나에서는 양들을 낮에는 방목하다가, 밤이 되면 일반적으로 간단하게 둘러친 울타리 안으로 모아들여 한 사람이 그것들을 지켰다. 예수님의 목자의 비유도 이러한 배경에서 "내가 진실로 진실로 너희에게 말한다. 양 우리에 들어갈 때에 문으로 들어가지 않고 다른 데로 넘어 들어가는 자는 도둑이며 강도다. 그러나 문으로 들어가는 이는 양들의 목자다."(1-2절)라는 말씀으로 시작된다는 점을 눈여겨 볼 필요가 있다. "문지기는 목자에게 문을 열어 주고, 양들은 그의 목소리를 알아듣는다. 그리고 목자는 자기 양들의 이름을 하나하나 불러 밖으로 데리고 나간다. 이렇게 자기 양들을 모두 밖으로 이끌어낸 다음, 그는 앞장서 가고 양들은 그를 따른다. 양들이 그의 목소리를 알기 때문이다."(3-4절)라는 예수님의 말씀을 통하여 이스라엘에는 두 부류의 사람들이 있었음을 알 수 있다. 곧 목자에게 실질적으로 속해서 그의 부름에 응답하는 이들, 그리고 목자에게 속한 적이 없어서 그에게 응답하지 않는 자들이다.

이렇게 예수님께서 '목자의 비유'를 말씀하셨지만, 복음은 "그러나 그들은 예수님께서 자기들에게 이야기하시는 것이 무슨 뜻인지 깨닫지 못하였다."(6절)라고 전한다. 우리가 살펴본 바와 같이 요한복음에서 예수님께서는 당신의 신원과 지상 활동을 신비롭고 이해하기 어려운 비유를 통하여 고유한 방법으로 계시하곤 하셨다. 요한복음 사가는 아마도 이러한 비유는 신앙 안에서만, 예수님께서 들어 높여지시고 성령께서 내리실 때에 이루어지는 최종적 계시의 빛 안에서만 온전히 이해할 수 있다는 점을 암시하기 위해 이런 방식을 선택한 것으로 보인다. 이것은 "나는 지금까지 너희에게 이런 것들을 비유로 이야기하였다. 그러나 더 이상 너희에게 비유로 이야기하지 않고 아버지에 관하여 드러내 놓고 너희에게 알려 줄 때가 온다."(16,25)라는 예수님의 말씀으로도 뒷받침된다.

물론 공관복음서들도 비유로 가르치는 것의 중요성을 강조하고 있다. 분명 비유는 모든 사람이 들을 수 있었지만, 따로 설명이 필요하고 또 점진적으로만 이해할 수 있는 것이었다. 무엇보다 이러한 비유에 대한 설명과 이해는 제자들에게만 가능했다(마태 13,11-13.34-35; 마르 4,11-12.33-34; 루카 8,10). 그런데 공관복음과 달리 요한복음은 예수님께서 지상 활동 중에 내리신 가르침 전체가, 부분적으로는 제자들조차 이해할 수 없는 것으로 간주한다. 그러다가 마침내 부활의 빛이 비추고 성령께서 내리시면 모든 것을 통찰할 수 있게 된다는 것이다(요한 2,19.22; 12,14.16; 13,4-7 참조).

그런데 다음 항목에서는 "나는 착한 목자다."(10,11.14)에 앞서 "내가 진실로 진실로 너희에게 말한다. 나는 양들의 문이다. 나보다 먼저 온 자들은 모두 도둑이며 강도다. 그래서 양들은 그들의 말을 듣지 않았다. 나는 문이다. 누구든지 나를 통하여 들어오면 구원을 받고, 또 드나들며 풀밭을 찾아 얻을 것이다. 도둑은 다만 훔치고 죽이고 멸망시키려고 올 뿐이다. 그러나 나는 양들이 생명을 얻고 또 얻어 넘치게 하려고 왔다."(7-10절)라는 예수님의 말씀이 나온다. 이 말씀들은 "나는 문이다."(9절)라는 말씀을 설명하는 역할을 한다.

유다교 전통은 물론(창세 28,17; 시편 78,23; 외경인 에녹서 72,75) 공관복음서에도 하늘의 실체에 접근할 수 있게 해 주는 '문'이라는 주제가 자주 나온다(마태 7,13-14; 25,10; 루카 11,52; 13,23). 성서학자들에 따르면, 요한복음에서 예수님께서는 육화와 강생을 통하여, 당신 자신이 바로 하느님의 선물을 발견하고 또 나누어 받는 곳이 되신다는 점을 강조하시는데, 이것이 바로 7-10절에 나오는 비유의 뜻이다.

"나보다 먼저 온 자들은 모두 도둑이며 강도다. 그래서 양들은 그들의 말을 듣지 않았다."(8절)라는 예수님의 말씀에서 '예수님보다 먼저 온 자들은' 구약성경의 예언자들을 일컫는 것이 아니라, 유다 세계에서든 다른 민족들의 세계에서든, 자기들의 수단과 방법만으로도 사람들에게 하느님에 관한 지식과 구원을 가져다 줄 수 있다고 내세우는 자들을 말한다. 예수님께서는 당신만이 유일한 '문'이시기 때문에, "누구든지 나를 통하여 들어오면 구원을 받고, 또 드나들며 풀밭을 찾아 얻을 것이다."(9절) 하고 말씀하신다. 곧 요한복음이 라자로의 부활을 통해 예수님께서 우리를 죽음에서 생명으로 건너가게 해 주시는 분임을 강조하는 부분에서 전하는 "나는 부활이요 생명이다. 나를 믿는 사람은 죽더라도 살고, 또 살아서 나를 믿는 모든 사람은 영원히 죽지 않을 것이다."(11,26)라는 예수님 말씀처럼, 당신만이 죽음에서 구해주실 수 있는 분이라는 것이다. 여기서의 죽음은 사망, 곧 지상 생존의 끝을 뜻하는 것이 아니라, 하느님과 단절된 채 살아가는, 믿음 없는 생명을 가리키는데 이것이야말로 참죽음이다. 그뿐 아니라 그리스도만이 사람들을 멸망시키려는 모든 것에서 구해 주시는 분이시다. "하느님께서 아들을 세상에 보내신 것은, 세상을 심판하시려는 것이 아니라 세상이 아들을 통하여 구원을 받게 하시려는 것이다."(3,17)

마지막 설의 말씀처럼 "도둑은 다만 훔치고 죽이고 멸망시키려고 올 뿐"(10ㄱ)이기 때문에, 거짓 구원자들은 근본적으로 사람들을 흩어버리고 멸망시키려고 한다. 그러나 예수님께서는 "양들이 생명을 얻고 또 얻어 넘치게 하려고"(10ㄴ) 오셨다. 예수님께서는 당신의 제자들을 하느님 아버지의 생명에 동참시킴으로써, 그들을 행복하게 만드는 사명을 수행하신다는 점을 강조하신다. 예수님의 말씀 안에 머물며 그분의 참제자가 된다면 진리를 깨닫게 될 것이고 또한 진리가 그들을 자유롭게 할 것이다(8,32 참조).*

---

* "너희가 내 말 안에 머무르면 참으로 나의 제자가 된다. 그러면 너희가 진리를 깨닫게 될 것

클레멘스 1세 교황은 '코린토인들에게 보낸 편지'(Nn. 46,2-47,4; 48,1-6: Funk 1,119-123)에서 구약성경을 인용하며 예수 그리스도가 생명으로 이끄는 '정의의 문'이라고 설교한다. 그는 "너희는 열어라, 정의의 문을. 그리로 들어가서 주께 감사드리리라. 주님의 문이 바로 여기 있으니, 의인들이 이리로 들어가리라."라는 시편 말씀 해설에서, 열려 있는 문은 많지만 정의의 문은 그리스도라는 문이라고 선언한다. 그 문 안으로 들어가 모든 것을 사랑과 평화 속에 행하면서 그 발걸음을 거룩함과 정의의 길로 이끄는 사람은 행복하다.

이다. 그리고 진리가 너희를 자유롭게 할 것이다."(요한 8,31-32); "그러므로 아들이 너희를 자유롭게 하면 너희는 정녕 자유롭게 될 것이다."(요한 8,36)

"나는 착한 목자다" | 05

이스라엘을 포함한 고대 근동 지방에서 목자는 가장 흔한 직업 중 하나이면서 임금을 상징적으로 지칭하는 말이기도 했다(2사무 5,3). 이 사실은 예언자들이 백성들을 맡아 다스리는 임금을 포함한 지도자들을 고약한 목자들로 혹평한 사실에서도 확인된다(예레 10,21; 23,2; 에제 34,1).

법을 준수하고 정의를 실천하는 일은 모든 사람에게 그러하듯이 임금의 첫 번째 의무이다(예레 22,3; 23,5; 33,15; 창세 18,19; 잠언 16,12-13; 29,4.14; 미카 3,1). 임금은 억압받는 자들을 위해 복수하시는 하느님의 지상 부관으로서(예레 5,28-29; 9,23; 시편 94,1-2.5-6; 아모 2,6-8; 나훔 1,2), 특별히 비천하고 가난하며 약한 자들을 돌볼 책임이 그에게 부여된다(예레 2,16; 시편 72,2-4.12-14; 132,15). 불경한 폭군 여호야킴처럼(예레 22,13.17) 무절제한 욕심에 따라 행동하면서 목자들이 자기네 의무를 저버리면 주님께서 몸소 그 일들을 맡으시고(스바 3,3-5), 앞으로 올 다윗을 통해 이루실 것이다(에제 34,23). 이스라엘의 참 임금이신 하느님의 충직한 도구로서(1사무 12,12) 미래의 다윗은 완전한 사회 질서를 확립할 것이며,

"나는 착한 목자다.
착한 목자는 양들을 위하여 자기 목숨을 내놓는다."(10,11)

그렇게 되면 주님의 정의가 이루어져 갈라진 두 백성의 회복을 앞당기고(예레 31,27-28; 33,7 참조) 마침내 통일을 이루게 할 것이다(예레 50,4).

예레미야가 선포하는 주님의 이 '정의'는 신약성경에 따르면, 메시아를 통해 선택된 백성 모두에게 전달된다(로마 1,17; 1코린 1,30; 2코린 5,21; 필리 3,9). "그날에 유다가 구원을 받고 예루살렘이 안전하게 살게 될 것이다. 사람들은 예루살렘을 '주님은 우리의 정의'라는 이름으로 부를 것이다."(예레 33,16)라는 신탁에서 약속된 군왕을 쉽게 연상시키는 이 이름('주님은 우리의 정의')이 이제 새로운 예루살렘에게 주어지는 것이다.

목자라는 칭호가 주님께 적용된 것은 상당히 오래전부터인데(창세 48,15; 49,24), 주님께서 목자이심을 가장 강하게 부각한 예언자는 에제키엘이다. 곧 '좋은 목자' 단락(에제 34,11-16)에서 주님은 목자로서, 세상과 인간을 억압하시는 분이 아니라 오히려 사랑으로 보살피시고 돌보는 분으로 선포된다(시편 23). 또한 목자는 하느님께서 장차 세워 주실 메시아 임금의 표상으로도 사용된다(에제 37,24). 이에 앞서 예레미야는 미래의 임금 메시아에 대하여 "그런 다음 나는 내가 그들을 쫓아 보냈던 모든 나라에서 살아남은 양들을 다시 모아들여 그들이 살던 땅으로 데려오겠다. 그러면 그들은 출산을 많이 하여 번성할 것이다. 내가 그들을 돌보아 줄 목자들을 그들에게 세워 주리니, 그들은 더 이상 두려워하거나 당황하지 않고, 그들 가운데 잃어버리는 양이 하나도 없을 것이다."(예레 23,3-4) 하고 예언한 바 있다.

이와 같이 '목자와 양 떼'의 표상은* 구약성경에서 하느님과 그분 백성의 관계를 말하는 데에 이용되는 고전적 주제로 제시된다. 그리고 흩어졌거나 잃어버린 양들을 되찾는다는 표현은 구원을 뜻하는 전통적 은유로 소개된다(예레 23,1-4). 특히 '양 떼'는 구약성경에서 하느님의 백성을 가리키는 고전적 표상으로 사용된다(창세 48,15; 예레 31,10; 50,19; 호세 4,16; 13,4-6; 미카 2,12-13; 4,6-7; 7,14; 스바 3,19; 특히 시편 23,1; 95,7; 이사 40,11; 49,9-10; 에제 34 참조). 공관복음서에도 '목자와 양 떼' 표상이 여러 곳에 나타나는데, 예수님께서는 '양 떼'라는 이 표상을 이스라엘(마태 9,36; 마르 6,34), 죄인인 유다인들(마태 10,6; 15,24; 루카 15,4-6; 19,10), 또 제자들의 공동체에 적용하신다(마태 26,31; 마르 14,27; 루카 12,32).

구약성경에서 양 떼를 이끌고 보호하는 '목자'의 표상은 때로는 하느님께(시편 23,1; 이사 40,11; 예레 31,9), 때로는 메시아 임금에게(시편 78,70-72; 에제 37,24), 또 때로는 이스라엘 지도자들에게 적용되는데(예레 2,8; 10,21; 23,1-8; 에제 34), 이러한 표상이 공관복음서에서도 자주 이용된다(마태 9,36; 18,12-13; 25,32; 26,31; 마르 6,34; 14,27; 루카 15,3-7). 구약성경의 이러한 배경에서 예수님께서 "나는 착한 목자다. 착한 목자는 양들을 위하여 자기 목숨을 내놓는다."(10,11) 하고 말씀하신 내용은, 당신이 하느님께서 약속하신 메시아로서 하느님의 백성을 이끄시는 분이라는 의미로 이해된다. 곧 예수님께서는 사람들을 영원한 생명으로 이끄시려고 그들의 삶의 조건에 동참하시는 성자로서 목자의 직분을 완전히 실현시키는 분, 착한 목자이시다.

예수님께서 빵의 기적으로 오천 명을 먹이신 일화를 전하는 부분에

---

* 이미 오래전부터 사용되어 왔고 성경의 여러 곳에서 볼 수 있는 '목자'의 은유에 대해서는 창세 48,15; 49,24; 시편 23,1; 28,9; 79,13; 80,2; 호세 4,16; 요한 10,11-16; 1베드 5,4 참조.

서(마르 6,30-44) 마르코는, 예수님의 자비와 목자로서의 사명을 드러내는 가르침을 부각하기 위하여 "예수님께서는 배에서 내리시어 많은 군중을 보시고 가엾은 마음이 드셨다. 그들이 목자 없는 양들 같았기 때문이다. 그래서 그들에게 많은 것을 가르쳐 주기 시작하셨다."(34절)라고 말하며 그 당시 분위기와 상황을 섬세하게 전한다. 여기서 '목자 없는 양 떼'는 백성을 이끌 책임이 있는 지도자들의 태만을 가리키는데(마태 9,36), 마르코는 이 표상을 통하여 예수님께서, 광야에서 당신 백성의 목자였던 하느님 자신은 아니더라도, 모세(민수 27,15-17; 시편 77,21)나 다윗(시편 78,70-72)의 모습에서 보이는 메시아적인 목자(에제 34,23; 37,24)로 당신을 이해하셨음을 시사한다. 또한 마르코는 "예수님께서는 제자들에게 명령하시어, 모두 푸른 풀밭에 한 무리씩 어울려 자리 잡게 하셨다."(39절)라고 전하는데, 여기서 자연의 모습을 서술한 '푸른 풀밭'(마태 14,19; 요한 6,10 참조)은 예수님께서 당신 자신을 시편 23편의 목자로 이해하셨다는 사실을 보여 주려는 의도와 관련이 있어 보인다. 이 목자께서는 당신의 백성을 잔잔한 물가 '푸른 풀밭'(시편 23,2)으로 인도하시어, 그들에게 먹을 것을 차려 주는 분이시다(시편 23,5).

빵을 많게 하신 이 일화를 통하여 목자이신 예수님의 자비를 강조한 마르코처럼(마르 6,34) 마태오도 당신 자신을 이스라엘의 길 잃은 양들에게 파견되신 분으로 여기는(10,6; 15,26) 예수님의 자세를 환기시킨다. 마태오 역시 "예수님께서는 모든 고을과 마을을 두루 다니시면서, 회당에서 가르치시고 하늘나라의 복음을 선포하시며, 병자와 허약한 이들을 모두 고쳐 주셨다. 그분은 군중을 보시고 가엾은 마음이 드셨다. 그들이 목자 없는 양들처럼 시달리며 기가 꺾여 있었기 때문이다."(마태 9,35-36) 하고 선포한다. 이로써 예수님께서는 "나는 그들 위에 유일한 목자를 세워 그들을 먹이게 하겠다. 바로 나의 종 다윗이다. 그가 그들을 먹이고 그들의 목자가 될 것이다."(에제 34,23)라는 구약성경의 기대를 충족시키신다. 마태오복음에서 예수님의 이 모습은 제자들의 사명 수행에도 그 의미를 부여하는데, 곧 착한 목자이신 예수님의 자비심을 전하는 것이 제자들이 명심해야 할 내용이기 때문이다.

또한 루카복음이 전하는 '되찾은 양'(15,3-7)의 비유가 마태오복음(18,12-14)에도 나온다. 그런데 루카가 하느님께서 죄인들을 찾으심을 강조한다면, 마태오는 공동체의 '작은이들'에 대한 교회 지도자들의 책임을 강조한다. 마태오복음에는 '양'이 '길을 잃은 것'으로 나오지만(12. 13. 14절), 루카복음은 '잃어버린 양'으로 소개하면서(15,4.6) '잃어버린' 사람들을 생각한다. 예수님께서는 바로 이들을 찾아내어 구원하시려고 이 세상에 오신 것이다. 죄인들을 받아들인다고 분개하는 '의인들'에게, 예수님께서는 잃었던 자녀들을 되찾으실 때에 느끼는 하느님의 기쁨을 이야기하며 바리사이들에게 이 기쁨에 동참하라고 촉구하신다.

반면에 마태오는 멸시를 받거나(18,10) 또는 규정 같은 것이 너무 엄격하여(18,21) 공동체에서 떨어져 나가 길을 잃을 위험이 있는 구성원들을 '작은이들'로 생각한 것 같다. 당시 유다교에서처럼 마태오복음에서도 이렇게 길을 잃을 위험이 있다는 것이 메시아 시대의 한 특색을 이루는데, 그러나 여기서 길을 잃는다는 것은 도덕적인 것이라기보다는 교리적인 것(마태 24,4.11.24; 2티모 3,13; 1요한 1,8; 2,26; 3,7; 묵시

12,9; 19,20)으로 나타난다.

요한복음에서는 예수님께서 "나는 착한 목자다. 착한 목자는 양들을 위하여 자기 목숨을 내놓는다."(10,11) 하고 말씀하신다. 삯꾼들은 자기들의 이익을 위하여 양들을 희생시키는 반면, 예수님께서는 당신을 믿는 이들이 생명을 얻게 하시려고 죽음에 이르기까지 당신의 목숨을 내주신다. 이 말씀은 당신을 성체성사 안에 현존하시는 '생명의 빵'으로 계시하시는 "나는 하늘에서 내려온 살아 있는 빵이다. 누구든지 이 빵을 먹으면 영원히 살 것이다. 내가 줄 빵은 세상에 생명을 주는 나의 살이다."(6,51)라는 말씀과도 연결된다. 이 말씀에서 사용된 '살(그리스말 σάρξ, 사릌스)'이라는 낱말은 가능성과 나약성까지 포함하여 인간의 실체를 이루는 모든 것을 가리키는 말로, 예수님께서 최후의 만찬 중에 사용하신 아람말 '비스라'를 암시한다. 이러한 말씀으로 요한은 인간의 살을 취하시어 사람이 되신 예수님의 육화와 구원의 가치, 곧 예수님께서 세상 구원을 위하여 강생하시고 십자가에 죽으심으로써 영원한 생명의 근원이 되셨음을 강조하는 것이다.

그래서 예수님께서는 생명을 가능하게 해주는 필수적인 음식인 '빵'이 되신다. 예수님의 강생과 구속과 관련하여 성 아우구스티노는 요한1서에 대한 강론에서 "이 생명의 말씀은 어떻게 나타나셨습니까? 말씀은 한 처음 천지가 창조되기 전부터 계셨지만 아직 사람들에게 나타나지 않으시고 당신을 보고 천상 빵으로 받아 모시는 천사들에게 나타내 보이셨습니다. 그런데 성서는 무엇을 또 말합니까? '마침내 사람들도 천사의 빵을 먹게 되었다.'라고 성서는 말해 줍니다." 하고 강조한다.

이어서 성부에게서 파견된 분이시며 동시에 유일한 목자이신 예수님께서는, "나는 착한 목자다. 나는 내 양들을 알고 내 양들은 나를 안다. 이는 아버지께서 나를 아시고 내가 아버지를 아는 것과 같다. 나는 양들을 위하여 목숨을 내놓는다."(14-15절) 하고 말씀하시며, 당신 자신이 자기 양들을 위하여 목숨까지 기꺼이 내어주는 착한 목자이심을 다시 한 번 강조하신다. 성경의 전통에서는 사람들끼리 서로 안다는 것에는 사랑도 포함되는데, 예수님과 그분을 믿는 이들을 한데 묶는 '앎'은, 성자와 성부를 한데 묶는 사랑에서 비롯되고 또 그 사랑으로 충만해진다는 점이 강조된다. "친구들을 위하여 목숨을 내놓는 것보다 더 큰 사랑은 없다."(15,13)라는 당신 말씀을 몸소 실천하신 예수님의 십자가 죽음이야말로 성부에 대한 사랑의 지고한 표현인 동시에, 당신의 친구로 삼으신 이들에 대한 사랑의 결정이기도 하다. 그런데 "아무도 나에게서 목숨을 빼앗지 못한다. 내가 스스로 그것을 내놓는 것이다. 나는 목숨을 내놓을 권한도 있고 그것을 다시 얻을 권한도 있다. 이것이 내가 내 아버지에게서 받은 명령이다."(18절)라는 말씀대로, 목숨까지 내놓는 목자의 사랑은 예수님께서 주도적으로 스스로 자유롭게 내리신 결정이다. 이에 대한 화답으로 성부께서는 십자가 위에서 당신의 목숨을 내놓으신 성자께서 부활을 통하여 목숨을 다시 얻도록 하신다. 이 사실을 예수님께서는 "아버지께서는 내가 목숨을 내놓기 때문에 나를 사랑하신다. 그렇게 하여 나는 목숨을 다시 얻는다."(17절)라고 말씀하신다.

또한 예수님께서는 제자들을 통하여 온 세상으로 퍼져 나갈 복음 선포를 암시하시면서 "그러나 나에게는 이 우리 안에 들지 않은 양들도 있다. 나는 그들도 데려와야 한다. 그들도 내 목소리를 알아듣고 마침내 한 목자 아래 한 양 떼가 될 것이다."(16절) 하고 말씀하신다. '우리 안에 들지 않은 양들'도 장차 예수님께서 파견하시는 이들이 선포하는 말씀 안에서 그분의 목소리를 알아듣게 될 것이다. 그렇지만 비록 제자들이 주님의 복음을 전한다 하더라도, 이는 예수님께서 팔레스티나 땅에서 수행하신 활동과 똑같이 전적으로 그분의 일이기 때문에, 온 세상에 흩어져 사는 이들도 이미 신비로운 방식으로 그분의 사람들이 된다. "(이스라엘) 민족만이 아니라 흩어져 있는 하느님의 자녀들을 하나로 모으시려고"(11,52) 돌아가신 예수님께서는, "저는 이들만이 아니라 이들의 말을 듣고 저를 믿는 이들을 위해서도 빕니다."(17,20) 하고 기도하신다. 그래서 착한 목자이신 예수님의 십자가 죽음을 통하여 모든 사람의 일치, 곧 "유다인도 그리스인도 없고, 종도 자유인도 없으며, 남자도 여자도 없습니다. 여러분은 모두 그리스도 예수님 안에서 하나입니다."(갈라 3,28)라는 말씀이 그분 안에서 실현될 것이다. 또한 "내 양들은 내 목소리를 알아듣는다. 나는 그들을 알고 그들은 나를 따른다. 나는 그들에게 영원한 생명을 준다. 그리하여 그들은 영원토록 멸망하지 않을 것이고, 또 아무도 그들을 내 손에서 빼앗아 가지 못할 것이다."(10,27-28)라는 말씀대로, 메시아이신 목자 예수님께서는 당신 능력으로 당신을 믿는 이들에게 영원한 생명을 주시기 때문에, 그들도 자기들이 절대적으로 안전하다는 이 사실을 잘 알게 된다.

요한1서도 착한 목자이신 예수님께서 완전히 자유로운 결정에 따라 기꺼이 당신의 생명을 바치셨음을 강조하기 위하여, 요한복음의 '우리를 위하여 당신 목숨을 내놓으셨다.'라는 고유한 표현(요한

10,11.15.17.18 참조)을 그대로 인용하면서 다음과 같이 권고한다. "그분께서 우리를 위하여 당신 목숨을 내놓으신 그 사실로 우리는 사랑을 알게 되었습니다. 그러므로 우리도 형제들을 위하여 목숨을 내놓아야 합니다."(1요한 3,16) 그리고 그리스도께서 사랑을 명령하셨을 뿐만 아니라, 직접 십자가 위에서 우리를 위하여 당신의 목숨을 내놓으시어 그 사랑을 지고한 방식으로 완수하셨기 때문에(1요한 3,16) 사랑의 계명은 이제 '새 계명'이 된다는 점을 강조한다. "그러면서도 내가 여러분에게 써 보내는 것은 새 계명입니다. 그것은 그리스도께도 또 여러분에게도 참된 사실입니다. 어둠이 지나가고 이미 참빛이 비치고 있기 때문입니다."(1요한 2,8).

시편 95편은 오늘 그분의 목소리를 들을 때 우리 마음을 무디게 가지지 말라고 다정하게 훈계한다. "그분은 우리의 하느님, 우리는 그분 목장의 백성, 그분 손수 이끄시는 양 떼로세. 아, 오늘 너희가 그분의 소리에 귀를 기울인다면! '너희는 마음을 완고하게 하지 마라, 므리바에서처럼 광야에서, 마싸의 그날처럼.'"(95,7-8) 착한 목자이신 예수님께서도 이 시편과 거의 같은 맥락에서 "내 양들은 내 목소리를 알아든는다."라고 말씀하신다. "나는 착한 목자다. 나는 내 양들을 알고 내 양들은 나를 안다."(10,14). 그분 목장의 양 떼인 우리에게 지금 절실하게 요청되는 것은, 무엇보다도 그분의 말씀을 경청하는 것이 아닐까!

"나는 부활이요 생명이다."(11,25)라는 말씀이 등장하는 요한복음 11장
은 크게 두 가지 내용, 곧 예수님께서 행하신 일곱 개의 표징 가운데서
마지막인 죽은 라자로를 다시 살리신 기적(11,1-44)과 그 일을 계기로
최고 의회가 예수님을 죽이기로 결의한 내용(11,45-55)을 전하는데, 요
한복음에서 매우 중요한 위치를 차지한다. 그 이유는 이 표징이 일곱
가지 표징의 마지막 절정으로서 예수님의 자기계시, 곧 당신께서 '생
명의 주님'이심을 계시하시는 자리이기 때문이다. 제자들은 예수님의
행동이나 말씀이 여러 차원의 의미를 지닐 뿐만 아니라, 그분의 언행
이 늘 그 자체 너머의 다른 것을 가리킨다는 사실을 조금씩 깨닫게 된
다. 그래서 요한복음에서 '표징'이 늘 중요성을 가지게 된다.

　라자로를 다시 살리신 이 마지막 표징 안에서 예수님께서는 "나는
부활이요 생명이다.", 곧 당신이 세상에 생명을 주시는 분이심을 선언
하는데, 이 문장도 요한의 특징적인 표현인 '나는 …이다(Ἐγώ εἰμι, 에고
에이미)'로 표현되었다. 이 계시 내용은 예수님과 마르타의 대화(11,23-
27) 가운데 나온다. 예수님께서 마르타에게 죽은 "네 오빠는 다시 살아
날 것이다."(23절) 하고 말씀하시자, 마르타는 "마지막 날 부활 때에 오
빠도 다시 살아나리라는 것을 알고 있습니다."(24절) 하고 대답하였다.

"나는 부활이요 생명이다.
나를 믿는 사람은 죽더라도 살고,
또 살아서 나를 믿는 모든 사람은 영원히 죽지 않을 것이다.
너는 이것을 믿느냐?"(11,25-26)

그 당시 사람들은 구약성경 다니엘서의 "땅 먼지 속에 잠든 사람들 가운데에서 많은 이가 깨어나 어떤 이들은 영원한 생명을 얻고 어떤 이들은 수치를, 영원한 치욕을 받으리라."(다니 12,2)라는 이 말씀을, 이미 죽은 모든 사람들이 저승에서 머물다가 마지막 날에 심판을 받기 위하여 다시 살아난다는 것으로 이해하고 있었다. 아마 마르타 역시 보통 사람들이 그렇게 이해하고 있었던 것처럼 먼 훗날에 있을 부활을 알고 있다는 의미에서 예수님께 그렇게 말씀드린 것으로 보인다.

그러자 예수님께서 "나는 부활이요 생명이다."(25절) 하고 말씀하신 다음 마르타에게 "나를 믿는 사람은 죽더라도 살고, 또 살아서 나를 믿는 모든 사람은 영원히 죽지 않을 것이다. 너는 이것을 믿느냐?"(26절) 하고 물으신다.

여기서 특기할 만한 것은 "나는 부활이요 생명이다. 나를 믿는 사람은 죽더라도 살고"와 "또 살아서 나를 믿는 모든 사람은 영원히 죽지 않을 것이다."에서, 똑같이 '죽다(그리스말 $\mathrm{\dot{\alpha}\pi o\theta\nu\acute{\eta}\sigma\kappa\omega}$, 아포트네스코)' 동사가 사용되었다는 점이다. 그런데 "나는 부활이요 생명이다. 나를 믿는 사람은 죽더라도 살고"에서 사용된 '죽다' 동사가 사망, 곧 지상 생존의 끝을 뜻하는 반면 "또 살아서 나를 믿는 모든 사람은 영원히 죽지 않을 것이다."에서 사용된 '죽다' 동사는 하느님과 단절된, 믿음 없는 생명을 가리킨다. 이것이 요한이 전하는 '참죽음'인 것이다. 이와 같이 라자로를 다시 살리신 표징을 통하여, 요한복음은 예수님께서 우리를 죽음에서 생명으로 건너가게 해 주시는 분임을 강조한다.

그뿐 아니라, 여기서 예수님께서는 당신 자신이 바로 '부활'이라고 계시하시면서, 마르타가 가지고 있던 마지막 날 부활하리라는 희망과 신앙이 당신 안에서 실현된다고 선언하신다. 이어서 당신 자신이 '부활'인 동시에 또한 '생명'이라고 계시하시는데, 이는 당신을 믿는 사람은 죽었다가 마지막 날 다시 살아나는 것이 아니라, 살아서 자신을 믿는 사람은 죽지 않을 뿐 아니라 구세주로 믿고 고백하는 바로 그 순간부터 이미 영원한 생명을 누린다는 말씀이다. 요한복음은 놀라울 정도로 현재와 미래가 서로 어울리면서 이른바 '실현된 종말론'을 자유롭게 자주 표현한다. 이는 예수님께서 지금 말씀하시는 (곧 그분께서 돌아가신 뒤에 신앙 공동체 안에서 이루어지는) 미래에 있을 일들이 이미 요한복음서와 이 복음서 독자들에게는 지금 현재에 일어나고 있는 사실과도 관련이 있음을 강조하는 것이다. 예를 들면 "내가 가서 너희를 위하여 자리를 마련하면, 다시 와서 너희를 데려다가 내가 있는 곳에 너희도 같이 있게 하겠다."(14,3)라는 말씀에서도 이 점이 드러난다. 요한은 예수님께서 당신이 누리시는 영광에 당신을 믿는 이들도 참여시키려고 돌아오시는 것이, 비단 세상 종말만이 아니라(마태 16,27; 25,31; 1코린 11,26; 16,22; 1테살 4,16-17; 1요한 2,28) 자기가 속한 요한의 교회 시대, 곧 당시에도 해당된다는 점을 강조한다(14,18.23.28; 15,26).

이와 같이 '부활이요 생명'이신 예수님의 말씀처럼, 영원한 생명은 죽은 다음에 비로소 시작되는 것이 아니라, 그분을 예수 그리스도를 받아들이는 그 순간 시작되는 것이기에, 예수님께서는 마르타에게 "너는 이것을 믿느냐?"(26절) 하고 물으신 것이다. 이에 대하여 마르타는 "예, 주님! 저는 주님께서 이 세상에 오시기로 되어 있는 메시아시며 하느님의 아드님이심을 믿습니다."(27절) 하고 모범 답안을 제시하면서 신앙을 고백하였다.

이 '실현된 종말론'과 관련된 내용은 바오로 서간에서도 발견된다. 바오로는 "여러분은 세례 때에 그리스도와 함께 묻혔고, 그리스도를 죽은 이들 가운데에서 일으키신 하느님의 능력에 대한 믿음으로 그리스도 안에서 그분과 함께 되살아났습니다."(콜로 2,12)라고 선언하는데, 이 본문은 세례가 그리스도의 죽음과 부활에 동참하는 것이라는 의미의 기초가 된다. 그런데 로마 6장에서 바오로는 그리스도의 죽음에 동참하는 일은 과거로 표현되고, 부활에 동참하는 것은 그리스도와 함께 이루는 미래의 일로 펼쳐진다고 다음과 같이 설명한다. "과연 우리는 그분의 죽음과 하나 되는 세례를 통하여 그분과 함께 묻혔습니다. 그리하여 그리스도께서 아버지의 영광을 통하여 죽은 이들 가운데에서 되살아나신 것처럼, 우리도 새로운 삶을 살아가게 되었습니다. 사실 우리가 그분처럼 죽어 그분과 결합되었다면, 부활 때에도 분명히 그리 될 것입니다."(로마 6,4-5) 또한 "이와 같이 여러분 자신도 죄에서는 죽었지만 그리스도 예수님 안에서 하느님을 위하여 살고 있다고 생각하십시오."(로마 6,11)라고 권면하면서, 우리가 부활하신 주님처럼 되는 일은 그분께서 재림하실 때에야 완수되겠지만 이미 지금부터 생활화하는 것이라고 말한다.

그러나 콜로새서에서는 우리의 죽음과 부활이 다 과거의 일로 서술되었는데, 이는 이전 서간들에서는 표현된 적이 없는 미래의 '선취(先取)'로 이해된다. 이 선취는 단순히 미래의 일을 앞당겨 말하는 것만이 아니라, 그 미래를 부분적으로나마 지금부터 벌써 누리는 것이기에 로마서의 설명과 그 궤를 같이한다. 이렇게 말하는 구체적인 목적은, 그리스도인들은 그리스도 이외의 온갖 영적 권세들로부터 자유롭다는 사실을 확인하는 것이다.

에페소 신자들에게 보낸 서간에서 바오로는 이러한 콜로새서의 선언보다 한 걸음 더 나아가, "그러나 자비가 풍성하신 하느님께서는 우리를 사랑하신 그 큰 사랑으로, 잘못을 저질러 죽었던 우리를 그리스도와 함께 살리셨습니다. ― 여러분은 이렇게 은총으로 구원을 받은 것입니다. ― 하느님께서는 그리스도 예수님 안에서 우리를 그분과 함께 일으키시고 그분과 함께 하늘에 앉히셨습니다."(에페 2,4-6) 하고 선포한다. 여기서 '구원을 받은 것입니다.'(5절)에 해당하는 그리스말 동사의 시제는, 과거에 일어난 일의 결과로 드러나는 현재의 상태를 말한다. 이와 같이 에페소서에서는 믿는 이들의 구원, 곧 부활하여 하늘에 들어 올려지는 것을(6절) 지금 일어나는 실제로 생각하는데, 이러한 생각은 이미 콜로새서에서부터 그 윤곽이 드러나는 것이다(콜로 2,12 참조). 그래서 바오로의 이전 서간들과 비교할 때, 이러한 구원관이 콜로새서와 에페소서의 특징을 이룬다. 반면 앞에서 살펴본 것처럼 로마서에서는 이러한 구원이 미래의 일로 표현되는데(로마 6,3-11; 8,11.17-18), 바오로는 이러한 미래의 구원이 곧 그리스도인들의 희망이라고 선언한다(로마 8,24).

"나는 길이요 진리요 생명이다" | 07

요한복음 사가는 예수 그리스도에 관한 어떤 신학 체계를 구축하려고 하지 않고 전해 내려오는 성경의 큰 전승에 따라 그분께서 구원을 가져다주는 사건들을 설명하고자 했다. 그래서 요한복음은 모든 관심을 그리스도께만 집중하고 있다는 특징을 보인다.

요한복음에서 '표징의 책'(1,19-12,50)으로 일컬어지는 부분은 예수님께서 예루살렘에 입성하실 때까지 그분이 보여주신 일곱 가지 표징에 관한 내용을 주로 담고 있다. 이 '표징의 책' 마지막 부분을 요한복음 사가는, 예수님께서 일으키신 그 많은 표징을 목격하고도 믿지 않는 유다인들의 불신(12,37-43)과 예수님을 믿는 이들과 믿지 않는 이들에게 내려지는 심판(12,44-50)에 관한 말씀으로 마감한다. 특히 예수님의 독특한 말씀을 모아 놓은 이 두 개의 작은 단락은, 요한복음서 첫째 부분의 맺음말 구실도 하는 것으로 보이며, 동시에 예수님의 공적 가르침도 끝맺는 것으로 소개한다.

이어지는 '영광의 책'(13,1-20,31), 곧 예수님께서 제자들과 함께 하신 마지막 만찬을 시작으로 하여 고별 담화, 그분의 기도와 수난사 및 부활 등으로 이어지는 부분에서 요한복음 사가는, 예수님 수난과 관련된 사건들과 부활하신 그리스도의 발현을 길게 이야기한다. 이 부분의 전

"선생님, 예수님을 뵙고 싶습니다."
(12,21)

개 방식은 요한복음의 짧막한 마지막 맺음말(20,30-31)에서 분명히 그가 밝히듯, 특정 기적 또는 표징들을 가려내어 그 의미와 중요성을 부각시키면서 담화형식으로 전한다.

표징의 책이 "그분께서 당신 땅에 오셨지만 그분의 백성은 그분을 맞아들이지 않았다."(1,11)라는 사실을 증언하고 있다면, 영광의 책은 "당신을 받아들이는 이들, 당신의 이름을 믿는 모든 이"(1,12)가 "그분의 영광을 보았다."(1,14)는 점을 강조한다. 지금 우리가 다루고자 하는 "나는 길이요 진리요 생명이다."(14,6)라는 이 말씀은 '영광의 책'(13,1-20,31)에 해당한다. 예수님께서는 최후 만찬 중에 제자들의 발을 씻어 주신 다음, 마지막 고별담화 가운데 이 말씀을 하셨다. 특히 마지막 만찬과 고별 담화, 예수님의 기도(13,1-17,26)로 이어지는 이 긴 부분은 예수님께서 당신 제자들을 향한 가르침으로 구성되어 있고, 등장인물도 예수님과 제자들뿐이다. 또한 "파스카 축제가 시작되기 전, 예수님께서는 이 세상에서 아버지께로 건너가실 때가 온 것을 아셨다. 그분께서는 이 세상에서 사랑하신 당신의 사람들을 끝까지 사랑하셨다."(13,1)라는 말씀이 암시하듯이, 이 담화 말씀의 배경은 생전에 예수님께서 마지막으로 지내신 파스카, 곧 당신 자신을 파스카 제물로 봉헌하신 파스카 축제 기간이다.

그런데 제자들은 유다 이스카리옷이 당신을 배신할 것을 예고하시는 예수님의 말씀(13,21-30)과 "얘들아, 내가 너희와 함께 있는 것도 잠시뿐이다. 너희는 나를 찾을 터인데, 내가 유다인들에게 말한 것처럼 이제 너희에게도 말한다. 내가 가는 곳에 너희는 올 수 없다."(13,33)라는 말씀에 이어, 베드로가 세 번씩이나 당신을 모른다고 할 것임을 예고(13,36-38)하시는 말씀을 듣고, 마음이 몹시 흔들리면서 심란해졌다. 정신적으로 거의 공황 상태가 된 제자들에게 예수님께서는 "너희 마음이 산란해지는 일이 없도록 하여라. 하느님을 믿고 또 나를 믿어라."(14,1) 하고 말씀하시면서 당신이 바로 "길이요 진리요 생명"(14,6)이심을 계시하신다.

제자들은 스승이신 예수님께서 떠나가시면 자기들은 적대적인 이 세상 한가운데에 버려지리라고 생각하면서 깊은 불안에 빠져있었다 (14,27; 16,6.20 참조). 이러한 상황에 처한 제자들에게 예수님께서는, 당

"나를 위하여 목숨을 내놓겠다는 말이냐?
내가 진실로 진실로 너에게 말한다.
닭이 울기 전에 너는 세 번이나 나를 모른다고 할 것이다."(13,38)

신이 떠나가셔야 제자들이 당신은 물론 하느님 아버지와도 더욱 밀접한 일치를 이루고 또 성령께서 그들을 보호해 주신다는 말씀으로 위로하시며, 하느님을 믿고 또 당신을 믿으라고 명하신다. 그러기 위해서는, 우선 하느님께 대한 믿음, 곧 도움을 확약하시면서 당신 자신을 드러내시는 하느님께 의지하는 신뢰가 필연적으로 요청된다. 그리고 이제부터 이 믿음은 무엇보다 계시 자체이신 예수님, 곧 하느님의 최종적 계시가 이루어지는, 하느님의 강생하신 아드님에 대한 믿음인 것이다.

그런데 이 담화에서 예수님께서는, "내 아버지의 집에는 거처할 곳이 많다. 그렇지 않으면 내가 너희를 위하여 자리를 마련하러 간다고 말하였겠느냐? 내가 가서 너희를 위하여 자리를 마련하면, 다시 와서 너희를 데려다가 내가 있는 곳에 너희도 같이 있게 하겠다."(2-3절)라고 말씀하시며 사람이 편안히 기거하는 곳으로서 '집'이라는 장소 개념과 표현을 사용하신다. 그러나 그분은 당신 백성 가운데 현존하시는 곳인 성전을 뛰어넘는 하느님의 초월적인 방식, 곧 하느님께서 인간과 이 세상을 초월하시어, 하늘에다 당신 거처를 마련하시고 그곳에 사신다고 상징적으로 말씀하시는 것이다. 이는 예수님께서 영광 속에 들어가심으로써 하느님 아버지와 영원한 일치를 이루게 되는데, 당신을 믿는 사람들도 모두 하느님 아버지와 일치하여 새로운 생명을 누리면서 영원히 자리 잡을 수 있는 거처를 보장하시겠다는 말씀이다. 또한 이미 "나는 부활이요 생명이다."(11,25)라는 예수님의 말씀을 해설하면서 요한복음의 '실현된 종말론'(11,25-26 참조)으로 소개한 것처럼, 예수님께서 당신이 누리시는 이 영광에 당신을 믿는 이들도 참여시키시려고 돌아오시는 것이, 세상 종말의 순간만이 아니라 제자들이 속해 있는 교회 시대에도 해당된다는 점을 강조하시는 것이다.

지금 이 순간까지 수많은 표징과 담화를 통하여 당신 자신에 관하여 계시해 오셨기 때문에, 예수님께서는 "너희는 내가 어디로 가는지 그 길을 알고 있다."(4절) 하고 말씀하시는데, 엉뚱하게도 토마스가 예수님께 "주님, 저희는 주님께서 어디로 가시는지 알지도 못하는데, 어떻게 그 길을 알 수 있겠습니까?"(5절) 하고 묻는다. 이에 예수님께서는 토마스에게 "나는 길이요 진리요 생명이다. 나를 통하지 않고서는 아무도 아버지께 갈 수 없다. 너희가 나를 알게 되었으니 내 아버지도 알게 될 것이다. 이제부터 너희는 그분을 아는 것이고, 또 그분을 이미 뵌 것이다."(6-7절) 하고 대답하신다.

우선 '길'의 표상은 본디 이집트 탈출의 상징에 속한다(신명 1,30-33; 2,1-2; 8,2-10; 시편 77,20; 136). 곧 이스라엘 민족이 하느님의 부름에 따라 약속의 땅에 다다르기 위하여 믿음으로 걸어가야 하는 멀고 험한 길인 것이다. 그 뒤에 이 표상은 주님께서 당신의 백성이 영원한 보상을 받게 하려고 제시하시는 삶의 방향을 가리켜 주는 율법에 적용된다(신명 32,4; 시편 25,10; 128,1; 147,19.20; 바룩 3,13-14.37; 4,1). 이러한 길의 표상이 신약성경에서도 계속되지만 변형되어 사용된다. 사실 예수님께서는 하느님의 뜻에 따라, 그리고 하느님을 향하여 걸어가는 새로운 방식을 개시하셨기 때문에(마태 16,24; 마르 8,34; 루카 9,23; 히브 10,20), 초창기 그리스도교가 '길'이라고 불리게 되었다(사도 9,2; 18,25; 24,22). 그러나 요한 복음에서 이 '길'이라는 표현은 더욱 깊은 의미를 지니게 된다. 이제 예수님께서는 가르침을 통하여 사람들을 생명으로 이끄신다는 의미의 길만이 아니시고, 그분 자신이 동시에 '진리요 생명'이시면서 사람들을

"나는 길이요 진리요 생명이다.
나를 통하지 않고서는 아무도 아버지께 갈 수 없다."(14,6)

하느님 아버지께로 이끌어 가시는 길인 것이다(10,9 참조).

또한 하느님께서는 수난과 부활을 통하여 당신을 온전히 드러내시는 지상의 예수님 안에서 당신을 완전히 계시하시는 분이시고, 아드님으로서 사람이 되신 예수님께서는 당신의 행동과 말씀으로 사람들에게 성부를 나타내 보이시고(1,18; 17,8.14 참조), 성부를 완전히 드러내 보여 주시는 분이기 때문에 '진리' 자체이시다. 또 그렇게 하심으로써 충만하고 참된 생명을 누릴 수 있는 성부와의 일치 속으로 믿는 이들을 인도해 주시는 분이시다(1,4; 3,16; 6,40.47.63; 11,25; 17,3 참조).

'요한복음 주해'(Cap. 14, lect. 2)에서 성 토마스 아퀴나스는 예수님께서 참생명에 이르는 길임을 다음과 같이 설명한다.

그리스도 친히 길이십니다. 그래서 주님은 "나는 길이다."라고 말씀하십니다. "우리가 그분으로 말미암아 아버지께로 가까이 나아가게 되었기 때문에" 그분이 그렇게 말씀하시는 것은 당연합니다. 이 길은 목적지에서 떨어져 있지 않고 목적지와 연결되어 있기 때문에 주님은 덧붙여 "나는 진리요 생명이다."라고 말씀하십니다. 따라서 주님은 길이신 동시에 목적지이십니다. 인성에서 볼 때 길이시고 신성에서 볼 때 목적지이십니다. 그래서 주님은 인간으로서 "나는 길이다."라고 하시고 하느님으로서 "나는 진리요 생명이다."라고 덧붙이십니다. "진리와 생명"이라는 이 두 단어는 길의 목적지를 잘 지시해 줍니다.

이어지는 부분에서 필립보는 베드로(13,36-38)와 토마스처럼(14,5) 결국은 예수님을 제대로 알지도 못하고, 자기가 청하는 것이 무엇인지도 제대로 이해하지 못하였다. 그러나 결정적으로 그는 예수님만이 채워 주실 수 있다는 인간의 가장 깊은 갈망을 드러내면서(1,18; 6,46) 예수님께, "주님, 저희가 아버지를 뵙게 해 주십시오. 저희에게는 그것으로 충분하겠습니다."(8절) 하고 간청한다. 그러자 예수님께서는 "필립보야, 내가 이토록 오랫동안 너희와 함께 지냈는데도, 너는 나를 모른다는 말이냐? 나를 본 사람은 곧 아버지를 뵌 것이다. 그런데 너는 어찌하여 '저희가 아버지를 뵙게 해 주십시오.' 하느냐?"(9절) 하고 말씀하신다. 하느님께서는 당신의 사랑하는 아드님이 형언할 수 없는 일치로 당신과 하나를 이루시기 때문에(5,17-30; 10,30), 예수님의 온 생애, 그분의 언행을 통하여 당신의 모습을 완전히 드러내시는 분이다. 따라서 당신을 본 사람은 아버지를 본 것이라고 말씀하시는 것이다.

그러나 분명 보는 것과 믿음 사이에는 커다란 간극이 있다. 태어나면서부터 눈먼 사람을 고쳐주신 표징(9,1-41)에서 살펴보았듯이, 앞을 못 보는 상태에서 보는 상태로 건너감은 불신과 죽음에서 믿음과 생명으로 건너감을 상징한다. 이러한 의미에서 태어나면서부터 눈먼 이는 신앙에 이르게 되는 이들의 본보기로 제시되는데, 그러한 신앙을 고백하기 위해서는 예수님의 다음 말씀을 명심해야 한다. "내가 아버지 안에 있고 아버지께서 내 안에 계시다는 것을 너는 믿지 않느냐? 내가 너희에게 하는 말은 나 스스로 하는 말이 아니다. 내 안에 머무르시는 아버지께서 당신의 일을 하시는 것이다."(10절) 여기에서 하느님의 '일'이란, 예수님께서 일으키시는 표징들이 가장 두드러지게 보여 주는 하느님의 구원 업적 전체(5,18; 8,28.42)를 말한다.

이어서 예수님께서는 "내가 아버지 안에 있고 아버지께서 내 안에 계시다고 한 말을 믿어라. 믿지 못하겠거든 이 일들을 보아서라도 믿어라. 내가 진실로 진실로 너희에게 말한다. 나를 믿는 사람은 내가 하는 일을 할 뿐만 아니라, 그보다 더 큰 일도 하게 될 것이다. 내가 아버지께 가기 때문이다."(11-12절) 하고 말씀하신다. 그런데 바로 앞 10절에서 설명한 '하느님의 구원 업적 전체'를 지칭하는 '하느님의 일'과는 달리, 여기에서 말씀하는 '일들'은 무슨 경탄스러운 기적이 아니라 그리스도께서 내리시는 성령의 영감을 받아, 세상 사람들을 믿음으로 이끄는 제자들의 증언을 가리킨다(17,21-23 참조). 또한 예수님께서 맡으신 큰일은 이 세상에 계시면서 당신을 증언하는 충실한 공동체, 곧 교회를 만드시는 것이었지만, 예수님께서 떠나가신 뒤에 제자들이 펼치는 활동도 그들을 통하여 일하시는 주님의 일로 간주되기 때문에, 예수님께서는 "너희가 내 이름으로 청하는 것은 무엇이든지 내가 다 이루어 주겠다. 그리하여 아버지께서 아들을 통하여 영광스럽게 되시도록 하겠다. 너희가 내 이름으로 청하면 내가 다 이루어 주겠다."(13-14절) 하고 말씀하신다. 사실 "그날에는 너희가 나에게 아무것도 묻지 않을 것이다. 내가 진실로 진실로 너희에게 말한다. 너희가 내 이름으로 아버지께 청하는 것은 무엇이든지 그분께서 너희에게 주실 것이다. 지금까지 너희는 내 이름으로 아무것도 청하지 않았다. 청하여라. 받을 것이다. 그리하여 너희 기쁨이 충만해질 것이다."(16,23-24)라는 말씀대로, 예수님께서 이 세상에 계시는 동안 제자들은 예수님의 이름으로 청할 수 없었다. 예수님께서는 영광 속으로 들어가신 뒤에야 제자들 곁에 현존하시면서 중개의 권한을 완전히 행사하시기 때문이다. 그러나 이제부터는 제자들이 당신의 이름으로 청하는 바를 모두 들어주시겠다고 약속하시는 것이다. 여기서 예수님께서 말씀하시는 '내 이름'은 하느님의 영광 속에 계시는 그리스도 자신, 그리고 사람들의 생활을 바꾸어 놓는 그분의 힘 자체를 지칭한다.

"나는 참포도나무다" | 08

요한복음에 따르면, 예수님의 수난사(18-19장) 바로 직전에는 예수님께서 제자들과 나누신 첫째 고별담화(13-14장)와 둘째 고별담화(15-16장), 그리고 예수님의 기도(17장)가 수록되어 있다. 첫째 담화는 십자가에 높이 들려 영광 속에 부활하실 예수님께서 제자들과 최후만찬을 하시면서 제자들의 발을 씻어 주시는 내용을 시작으로 하여(13,1-20), 유다 이스카리옷의 배신을 예고하시고(13,21-30), 제자들에게 새 계명(13,31-35)을 주시면서 베드로가 당신을 모른다고 할 것을 예고하신 다음(13,36-38), 아버지께 가는 길(14,1-14)과 성령을 약속하시는 내용(14,15-31)으로 이어진다.

둘째 담화는, 지금 우리가 다루려고 하는 '나는 참포도나무다'(15,1-17)와 '세상이 너희를 미워할 것이다'(15,18-16,4)에 이어서 '성령께서 하시는 일'(16,5-15)이라는 내용으로 구성되어 있다.

'나는 참포도나무다.' 단락에서는 '포도나무'와 '가지'라는 표상에 이어 '서로 사랑하라.'는 사랑의 계명이 강조되는데, "내가 내 아버지의 계명을 지켜 그분의 사랑 안에 머무르는 것처럼, 너희도 내 계명을 지키면 내 사랑 안에 머무를 것이다."(10절)라는 예수님의 말씀이 이 두

"나는 포도나무요 너희는 가지다.
내 안에 머무르고 나도 그 안에 머무르는 사람은 많은 열매를 맺는다.
너희는 나 없이 아무것도 하지 못한다."(15,5)

주제를 서로 연결시켜준다. 곧 예수님은 포도나무이시고 제자들은 가지이기 때문에, 열매를 맺기 위해 가지가 반드시 포도나무에 붙어있어야 하듯이, 제자들도 예수님 안에 머물러야 한다. 그러기 위해서는 예수님께서 말씀하신 사랑의 계명을 지켜야 한다.

"나는 참포도나무요 나의 아버지는 농부이시다."(15,1)

'포도나무' 표상은 성경에서 자주 하느님과 이스라엘 백성의 관계를 표현하기 위하여 사용되는데, 무엇보다도 하느님에게서 받은 사랑과 선택을 강조한다. 하느님께서 몸소 심으시고 보호해 주시는 그 사랑에 대한 화답으로 포도나무 편에서도 정의와 거룩함의 열매를 맺어야 한다. 하지만 구약성경은 이스라엘이 하느님께서 쏟으신 정성에 부응하지 않아 종말의 심판 때에 파멸하리라는 위협을 자주 전한다. 특히 이사야 예언서에서는 하느님께서 포도밭을 심고 가꾸시지만, 포도밭은 주인이신 그분께 열매를 내지 않아서 심판을 받는다(이사 5,1-7; 예레 2,21; 에제 15,1-8; 19,10-14 참조).

공관복음에서도 포도밭은 하늘나라를 표현하는 비유로 사용되고(마태 20,1-16; 21,28-32.33-41; 마르 12,1-9; 루카 13,6-9; 20,9-16), 요한복음에서는 이 표상이 더욱 발전된다. 예수님께서는 친히 "나는 참포도나무요 나의 아버지는 농부이시다."라는 자기계시에 이어, "나에게 붙어 있으면서 열매를 맺지 않는 가지는 아버지께서 다 쳐 내시고, 열매를 맺는 가지는 모두 깨끗이 손질하시어 더 많은 열매를 맺게 하신다."(2절)라고 말씀하신다. 곧 신앙을 통하여 예수님과 연결되어 그분에게서 생명을 받는 제자들도 그에 상응하는 열매를 맺어야 한다고 강조하시는 것이다. 포도나무 가지 또는 덩굴이 그루터기에 붙어서 생명을 받듯이, 신앙인들도 예수님과 일치를 이루어야 참 생명, 곧 하느님의 생명에 동참하게 되는데, 이러한 동참에는 예수님께서 계시하신 새로운 원칙에 따라 살고 행동하는 것이 요구된다. 여기서 열매는 실천적인 신앙, 곧 예수님께서 말씀하신 내용에 순명하고 계명 준수로 사랑과 믿음을 드러내는 것을 말한다.

"내 안에 머물러라. 나도 너희 안에 머무르겠다. 가지가 포도나무에 붙어 있지 않으면 스스로 열매를 맺을 수 없는 것처럼, 너희도 내 안에 머무르지 않으면 열매를 맺지 못한다."(4절)라는 말씀에서 '머무르다'(그리스말로 2-3절에서 사용된 '붙어 있다'와 똑같다)는 두 가지 뜻으로 쓰인다. 먼저 사람이 머무른다고 할 때에는, 과거에 주어진 바를 굳게 또 적극적으로 유지하고, 현재의 맥락에서 그 의미를 깨달으며 그것에 따라 미래를 내다봄을 뜻한다. 믿는 이들이 말씀 안에,[1] 사랑 안에,[2] 빛 안에,[3] 그리고 하느님 안에[4] 머무른다는 말도 같은 의미이다. 반면에 하

---

1. "너희가 내 말 안에 머무르면 참으로 나의 제자가 된다. 그러면 너희가 진리를 깨닫게 될 것이다. 그리고 진리가 너희를 자유롭게 할 것이다."(8,31-32)
2. "아버지께서 나를 사랑하신 것처럼 나도 너희를 사랑하였다. 너희는 내 사랑 안에 머물러라. 내가 내 아버지의 계명을 지켜 그분의 사랑 안에 머무르는 것처럼, 너희도 내 계명을 지키면 내 사랑 안에 머무를 것이다."(15,9-10); "하느님께서 우리에게 베푸시는 사랑을 우리는 알게 되었고 또 믿게 되었습니다. 하느님은 사랑이십니다. 사랑 안에 머무르는 사람은 하느님 안에 머무르고 하느님께서도 그 사람 안에 머무르십니다."(1요한 4,16)
3. "자기 형제를 사랑하는 사람은 빛 속에 머무르고, 그에게는 걸림돌이 없습니다."(1요한 2,10)
4. "하느님께서는 우리에게 당신의 영을 나누어 주셨습니다. 우리는 이 사실로 우리가 그분 안에 머무르고 그분께서 우리 안에 머무르신다는 것을 압니다. 그리고 우리는 아버지께서 아드님을 세상의 구원자로 보내신 것을 보았고 또 증언합니다. 누구든지 예수님께서 하느님의

느님 또는 예수님께서 머무르신다는 것은, 그분께서 믿는 이들에게 주신 구원의 은혜가 항구하다는 사실을 표현한다(1요한 2,27; 3,9-15; 4,12-15). 따라서 믿는 이는 자기의 충실성을 바탕으로, 하느님의 모든 은혜가 영원히 주어진 그리스도께 자기의 온 삶을 내맡기며 살아야 하는데, 이러한 충실성에는 신앙의 여정도 포함된다.

이어지는 "나는 포도나무요 너희는 가지다. 내 안에 머무르고 나도 그 안에 머무르는 사람은 많은 열매를 맺는다. 너희는 나 없이 아무것도 하지 못한다."(5절)라는 예수님의 말씀은, 물론 사람들이 하는 일의 실체와 가치를 부정하는 것이 아니다. 다만 사람들이 자기들의 삶과 생명에 영원의 가치를 유일하게 부여하실 수 있는 그리스도와 일치를 이루지 않을 경우, 그들이 하는 일은 결국 공허한 것으로 끝나 버리고 만다는 말씀이다.

예수님께서는 당신을 항구히 따르고 당신에게 순종하면, 그 사람은 미래에 대하여 아무런 두려움도 느끼지 않게 된다는 점을 강조하시면서 "너희가 내 안에 머무르고 내 말이 너희 안에 머무르면, 너희가 원하는 것은 무엇이든지 청하여라. 너희에게 그대로 이루어질 것이다."(7절) 하고 약속하신다. 이 약속에 따라 신앙인은, 하느님의 뜻을 깨닫고 그에 따라 올린 기도를, 하느님께서 틀림없이 들으시고 힘이 되어 주실 것임을 확신하게 된다.

아드님이심을 고백하면, 하느님께서 그 사람 안에 머무르시고 그 사람도 하느님 안에 머무릅니다. 하느님께서 우리에게 베푸시는 사랑을 우리는 알게 되었고 또 믿게 되었습니다. 하느님은 사랑이십니다. 사랑 안에 머무르는 사람은 하느님 안에 머무르고 하느님께서도 그 사람 안에 머무르십니다."(1요한 4,13-16)

이와 같이 그분 안에 머물기 위해서는 당연히 그분의 계명을 지켜야 하는데, 이를 통하여 그 사람은 많은 열매를 맺게 될 것이다. 여기서 열매를 맺는다는 것은 그분의 제자가 된다는 것을 의미한다. 예수님께서도 "너희가 많은 열매를 맺고 내 제자가 되면, 그것으로 내 아버지께서 영광스럽게 되실 것이다."(8절) 하고 말씀하시면서 이 점을 강조하신다. 성부께서는 예수님을 통하여 당신 자신의 영광을 늘 드러내시는데, 이제는 예수님을 따름으로써 열매를 내는 이들을 통해서도 성부의 영광이 드러날 것이다.

또한 예수님께서는 "아버지께서 나를 사랑하신 것처럼 나도 너희를 사랑하였다. 너희는 내 사랑 안에 머물러라."(9절) 하고 말씀하시면서, 성부에 대한 당신의 순종적 사랑에 성부께서도 늘 사랑으로 화답하셨음을 밝히신다. 그리고 이러한 성부와 성자의 사랑이, 이제 사랑으로 표현되는 그리스도인들의 삶에 탁월한 본보기가 되고 바탕이 되어야 한다고 강조하신다. 아울러 "내가 내 아버지의 계명을 지켜 그분의 사랑 안에 머무르는 것처럼, 너희도 내 계명을 지키면 내 사랑 안에 머무를 것이다."(10절)라는 말씀을 통하여 그리스도의 사랑에 응답하는 사랑은, 그분의 계명, 곧 서로 사랑하라는 계명을 지킴으로써 구체적으로 표현된다는 점도 역설하신다.

이제 예수님께서는 "이것이 나의 계명이다. 내가 너희를 사랑한 것처럼 너희도 서로 사랑하여라."(12절) 하고 지시하시며 이 사랑의 계명을 보다 적극적이고 구체적으로 밝히신다. 곧 예수님께서는 "친구들을 위하여 목숨을 내놓는 것보다 더 큰 사랑은 없다."(13절)라는 말씀대로 제자들을 위하여 친히 당신 목숨을 내어주기까지 한 그 사랑을 실행하라고 제자들에게 말씀하신다. 그리고 이 명령을 실천하면 의도도 의미도 모르는 채 주인의 분부만을 실행하는 종이 아니라 당신 친구가 된다고 강조하신다. "나는 너희를 더 이상 종이라고 부르지 않는다. 종은 주인이 하는 일을 모르기 때문이다. 나는 너희를 친구라고 불렀다. 내가 내 아버지에게서 들은 것을 너희에게 모두 알려 주었기 때문이다."(15절) 사실 친구들은 내막을 서로 알기 때문에 제 친구의 뜻에 순종한다. 예수님께서도 제자들을 이러한 친구로 대하시어, 그들에게 성부의 뜻을 전부, 곧 결국은 성부의 가없는 사랑을 계시해 주신 것이다. 그러므로 사랑으로 이루어지는 그들의 순종은 동시에 자유로 이루어지는 것이기도 하다. 더욱이 제자들과 함께 최후만찬을 하시면서 그들의 발을 씻어 주신 내용을 전하는 단락(13,1-20)에서 살펴본 바와 같이, 예수님께서는 극진한 사랑을 보여주시어 오히려 당신께서 종의 모습으로 제자들의 발을 씻어주셨다. 이제 제자들도 예수님의 이 사랑을 실천함으로써 예수님과 함께, 예수님 안에 머물 수 있게 되는 것이다. 무엇보다도 예수님께서 십자가 위에서 돌아가신 것은 성부에 대한 사랑의 지고한 표현(14,30)인 동시에 당신의 친구로 삼으신 이들에 대한 사랑의 절정이기도 하다(13,1.34). 이 사랑이 바로 포도나무 가지인 제자들이 실천해야 하는 형제적 사랑의 바탕이며 규범이다.

이제 예수님께서는 "너희가 나를 뽑은 것이 아니라 내가 너희를 뽑아 세웠다. 너희가 가서 열매를 맺어 너희의 그 열매가 언제나 남아 있게 하려는 것이다."(16ㄱ) 하고 말씀하시면서 당신 친구인 제자들에게 사명을 부여하신다. 여기서 '세우다'라는 그리스말 표현은, 제자들이 복음 선포의 사명을 효과적으로 수행할 수 있는 방도까지 보장하면서 어떠한 책임을 지워 내세우는 것을 뜻한다(사도 13,47; 20,28; 1코린 12,28; 2티모 1,11 참조). 이렇게 하여 제자들은 주님의 은혜와 더불어 복음 선포의 책임을 맡게 되는 것이다. 사실 모든 우정은 서로에 대한 자유로운 선택을 전제하지만, 이제 요한복음은 예수님께서 행사하시는 선택의 절대적 우선권을 강조하면서도 동시에 예수님의 선택이 성부께서 몸소 선택하신다는 사실을 드러낸다.[5] 예수님의 친구로 선택받은 제자들은, 예수님께서 내놓으시는 영원한 생명에 사람들이 동참할 수 있도록 열심히 사명을 수행하여 열매를 맺어야 한다. 물론 예수님께서는 "너희가 내 이름으로 아버지께 청하는 것을 그분께서 너희에게 주시게 하려는 것이다."(16ㄴ)라는 말씀과 더불어 제자들의 사명 수행에 함께하실 것을 약속하신다. "너희가 내 이름으로 청하는 것은 무엇이든지 내가 다 이루어 주겠다. 그리하여 아버지께서 아들을 통하여 영광스럽게 되시도록 하겠다. 너희가 내 이름으로 청하면 내가 다 이루어 주겠다."(14,13-14)라는 말씀처럼 예수님의 도움으로 이루어지는 기도는, 예수님에 대한 제자들의 애정이나 우정, 제자들의 사명 수행에 본질적인 면 가운데 하나이며, 제자들이 사명을 수행하면서 얼마나 결실을 거두느냐는 근본적으로 이러한 기도에 달려 있다.

참포도나무이신 예수님께서는 그 가지인 제자들에게 "내가 너희에

---

5. "나를 보내신 아버지께서 이끌어 주지 않으시면 아무도 나에게 올 수 없다. 그리고 나에게 오는 사람은 내가 마지막 날에 다시 살릴 것이다."(6,44); "아버지께서는 아들이 아버지께서 주신 모든 이에게 영원한 생명을 주도록 아들에게 모든 사람에 대한 권한을 주셨습니다."(17,2) 그런데 하느님의 선택에 관한 주제는 구약성경에서 자주 발견되며(신명 7,6-8; 이사 41,8; 43,20; 44,2; 45,4; 65,9.15.22; 아모 3,2; 7,15), 공관복음서에도 잘 알려져 있는 주제이다(마르 3,13; 루카 6,13).

게 명령하는 것은 이것이다. 서로 사랑하여라."(17절) 하고 말씀하시며 이 단락을 마무리하시는데, 예수님의 이 말씀은 계명인 동시에 명령에 해당한다. 포도나무와 그 가지인 예수님과 제자들의 관계에서 무엇보다 요구되는 것은, "내 안에 머물러라. 나도 너희 안에 머무르겠다."(15,4)라는 말씀대로 주님 안에 머무르는 것이며, 또한 서로 사랑하는 것이다. 여기서 예수님께서는 자상하게 제자들에게 사랑의 기준까지도 제시해 주신다. 곧 ① "아버지께서 나를 사랑하신 것처럼 나도 너희를 사랑하였다. 너희는 내 사랑 안에 머물러라."(9절) ② "내가 내 아버지의 계명을 지켜 그분의 사랑 안에 머무르는 것처럼, 너희도 내 계명을 지키면 내 사랑 안에 머무를 것이다."(10절) ③ "이것이 나의 계명이다. 내가 너희를 사랑한 것처럼 너희도 서로 사랑하여라."(12절) 하고 말씀하신 다음, 결론으로 이를 요약하여 "내가 너희에게 명령하는 것은 이것이다. 서로 사랑하여라."(17절) 하고 사랑의 계명을 주셨다.

제2부

예수님의 신원_요한복음이 증언하는 계시

제1부에서 우리는 예수님께서 '나는 …이다(Ἐγώ εἰμι)'라는 표현을 통하여 당신이 누구신지 스스로 계시해 주신 내용을 중심으로 살펴보았는데, 이 표현은 당신의 신성을 강조하는 내용과 연결되어 있음을 확인하였다.

공관복음과 요한복음의 증언에 따르면, 예수님께서는 다윗의 자손이시고 또한 하느님의 아드님이시며 그리스도로서 하느님의 뜻을 궁극적으로 설명해 주시는 해설가, 곧 '스승님'이시다. 이런 점에서, 제자들이 (마치 예수님 부활 이후의 그리스도인들이 고백하는 것처럼) 예수님 생전에 그분을 '주님'이라고 부른다는 사실도 이해하게 된다. 이제 제2부에서는 예수님의 직접적인 자기계시보다는 (다른 이들의 증언을 통하여) 요한복음이 예수님의 신원에 대하여 전하는 계시 내용을 살펴보려고 한다.

하느님의 말씀_하느님의 외아드님_하느님 | 09

초대교회 신앙고백에 등장하는 예수님[1]의 호칭은 '그리스도, 주님이시다!'를 비롯하여 무수하고 다양하다. 예를 들면, 사람의 아들, 종말론적 예언자, 메시아(그리스도), 주님의 종, 유다인의 임금, 하느님의 어린양, 로고스(말씀), 하느님의 아드님, '저의 주님, 저의 하느님'(요한 20,28) 등인데, 특히 콜로새서에서는 그리스도는 주님이시라는 고백과 그리스도는 구세주시라는 고백을 하나로 결합시킨다(콜로 1,15-20 참조). 이 가운데 몇 가지 주제를 선정하여 살펴보고자 한다.

대부분의 성서학자들은 요한복음 사가가 기원후 1세기 팔레스티나 유다교 사고방식의 관례와 관습에 정통하였다는 사실을 이의 없이 받아들인다. 따라서 요한은 유다교와 그리스도교의 근본적인 차이점들도 잘 알아 이 점을 요한복음에 자주 반영하였는데, 그때마다 논쟁과 갈등의 불씨가 되었다. 예를 들어 당시 유다인들은 실생활에 있어

---

1. 참고로 '예수'는 본디 '주님(야훼)은 도움/구원', 또는 '주님께서는 구원하신다.'를 뜻하는 히브리말 이름 '여호수아'를 줄인 '예수아'를 그리스말식으로 음역한(예수스) 것이다.

"파스카 축제 때에 예수님께서 예루살렘에 계시는 동안,
많은 사람이 그분께서 일으키신 표징들을 보고 그분의 이름을 믿었다."
(2,23)

서 율법 지상주의나 전례 지상주의를 강조했다. 하지만 요한은 "말씀이 사람이 되신" 새 세상의 새로움과 초월성을 뚜렷이 드러내려고 했기 때문에 결국 두 종파의 분리는 돌이킬 수 없는 현실이 되고 있었다. 예수님 시대에 유다교에서는 특정 범죄자들을 회당, 곧 자기들의 교회 공동체에서 추방하는 조처를 취하였고, 1세기 말경에는 그리스도를 믿는 유다인들을 본격적으로 파문했다. 이것은 "누구든지 예수님을 메시아라고 고백하면 회당에서 내쫓기로 유다인들이 이미 합의하였기 때문이다."(9,22)라는 요한의 증언과 "사실 지도자들 가운데에서도 많은 사람이 예수님을 믿었지만, 바리사이들 때문에 회당에서 내쫓길까 두려워 그것을 고백하지 못하였다."(12,42)라는 말씀 등을 통하여 사실로 입증된다.

요한복음은 헬레니즘 사고방식의 영향에 있어서 공관복음들보다 더 친숙하다. 인식이나 진리와 관련된 것들에 대한 깊은 관심과 '말씀', 곧 그리스말로 'λόγος, 로고스'라는 칭호의 사용, 특히 우의(寓意)의 이용 등이 이 점을 뒷받침해준다. 이러한 배경에서 우리는 기원후 1세기 초엽에 유다인들의 종교적 유산을 헬레니즘화하려고 시도했던 알렉산드리아의 필론을 먼저 생각하게 된다. 필론의 작품에서 (매우 막연하기는 하지만) 로고스의 개념이 중요한 위치를 차지하는데, 성서학자들은 요한복음이 필론을 비롯하여 당시 헬레니즘적 주장에 나름대로 영향을 받았다는 데에 뜻을 같이한다. 필론의 사상이 팔레스티나 밖에, 곧 디아스포라에 사는 유다인들의 다양한 집단에 널리 유포되어 학문과 생활의 한 양식(樣式)을 탄생시켰을 개연성이 있는데. 요한도 이러한 양식을 따르는 한두 개의 단체들을 알았을 것이다.

그러나 필론과 요한의 전체적 시각은 명백히 다르다. 요한의 경우에는 어떠한 인식의 단계도 철학적 학문과 숙고를 '존재' 그 자체, 곧하느님을 관조하는 데까지 끌어올리지 않는다. 그에게 본질적인 것은사람이 되신 하느님의 아드님을 신앙 안에서 인식하는 것이다. 필론과요한이 똑같은 어휘를 사용하는 경우에도 그 의미는 각각 다르다. 예를 들어 요한복음의 '로고스'는 필론과 달리 하느님과 우주 사이에 자리 잡은 중간 피조물이 아니시다. 곧 요한복음의 '로고스'이신 예수님은 창조 이전부터 계시는 분, 곧 말씀으로 선재(先在)하시는 '아드님', '아버지'의 행위와 완전히 결합되신 분, 하느님(1,1.18)이시다.

이와 같이 요한복음 사가는 오랜 명상 끝에 자기가 터득하고 또 높이 평가하게 된 여러 사조에 대하여 완벽히 자유로운 입장에서 매우독창적인 복음서를 저술한다. 그는 이 모든 것을 취합하여, 메시아시며 하느님의 아드님(20,31)이신 예수님의 실체와 역할이라는 복합적이면서도 단순한 관점에 따라 그것들을 자기 것으로 동화시켜 복음서로전해준다.

로고스 선재_영원하신 하느님과 함께 계신 하느님의 말씀(1,1-9)

"한처음에 말씀이 계셨다. 말씀은 하느님과 함께 계셨는데, 말씀은 하느님이셨다."(1,1) 복음을 시작하는 첫 구절부터 요한은, 예수님께서'한처음'부터 하느님의 말씀으로 영원하신 그분과 함께 선재하시면서하느님이셨다고 선언함으로써 그분의 신성을 강조한다. 요한복음은'지혜(그리스말 σοφία, 소피아)'를 의인화한 하느님의 속성으로 인식한 구

"하늘에서 오시는 분은 모든 것 위에 계신다.
그분께서는 친히 보고 들으신 것을 증언하신다."
(3,31-32)

약성경의 지혜문학[2]과 그리스화한 유다교의 영향을 받아, 이 머리글의
찬가에서 예수님을 '말씀(로고스)'으로 표현한다(1,1-4.9-11).[3] 지혜문학

---

2. 잠언 8,23-36; 지혜 7,22-8,1; 집회 24,1-22 참조. 그런데 구약성경 지혜문학에 따르면, 지
   혜는 주로 하느님 자신을 지칭한다. "지혜는 자기에게 맞갖은 이들을 스스로 찾아 돌아다
   니고 그들이 다니는 길에서 상냥하게 모습을 드러내며 그들의 모든 생각 속에서 그들을 만
   나 준다."(지혜 6,16) 이 구절에서 지혜의 특성은, 결국 인간을 당신께 부르시고 그에게 당
   신 자신을 알리시는 하느님 자신을 가리킨다.
3. 참고로, 알렉산드리아의 유다인 철학자 필론은 '로고스'를 '하느님의 모상'으로 본 반면,
   그리스 철학자 플라톤은 '이 세상'을 신의 모상으로 본다.

과 후기 유다교에서는, 하느님께서 세상을 창조하실 때 '지혜'가 하느님과 함께 있었는데,[4] 바로 그 지혜가 율법을 통하여 이스라엘에게 주어졌다고 믿으며 율법의 선재사상을 강조한다(집회 24,1-22).

바오로 서간인 콜로새서에서는, '보이지 않는 하느님의 모상'이신 위대하신 그리스도께서 우주적 차원에서 우주적 역할을 하시는 것을 노래하는 찬미가가 소개된다(1,15-20). 이 찬가는 지혜문학의 영향을 받아 그리스도는 '지혜' 그 자체로서 "하느님의 모상"이시고(지혜 7,26 참조), 모든 피조물이 생겨나기 전부터 존재하셨으며(잠언 8,22-26 참조), 하느님께서 세상을 창조하실 때에 능동적으로 참여하시고(잠언 8,27-30 참조), 사람들을 하느님께 이끌어 주시는 분으로 소개한다(잠언 8,31-36 참조).

그런데 예수님을 '말씀(로고스)'으로 소개하는 이 표현은, 요한복음 머리글의 찬가(1,1-18)에만 등장한다.[5] '말씀'께서는 하느님이라고 불리시는 '아버지'와 다르시면서도 그분과 완벽하고 완전한 일치를 이루심으로써(요한 5,17-30), 결국은 하느님 아버지와 똑같은 분이시며, 따라서 '말씀'께서도 '아버지'처럼 하느님이시다. 이처럼 하느님의 영원하신 아드님이신 '말씀'께서는 '한처음', 곧 이 세상 시간의 시작이 아니라, 절대적 '시작'을 의미하는 그 순간부터 하느님과 더불어 선재하시면서, 우주만물 창조에 아버지와 함께하셨으며(1코린 8,6 참조), 철저한 '자

---

4. 이미 구약성경에서부터 세상의 창조가 하느님의 말씀(시편 33,6.9; 147,15-18; 이사 40,26; 48,3; 지혜 9,1.9. 그리고 창세 1,3 참조), 또는 하느님의 지혜와 관련된다고 말한다(잠언 8,27-30; 지혜 7,12; 8,4; 9,9).

5. 그밖에 요한1서에서는 '생명의 말씀'(1요한 1,1)이라는 표현이 나오는데, 아래 내용 참조. 또한 요한묵시록에서는 하느님을 거역하는 세력들을 물리치신 종말론적 승리자라는 의미에서 '하느님의 말씀'(묵시 19,13)이라는 표현이 등장한다.

기비하'를 통하여 하느님의 구원사업에도 함께하실 것이다. 앞에서 소개한 콜로새서의 그리스도 찬미가(1,15-20)도 그리스도를 우주의 머리로 기리면서 구원과 창조를 하나로 엮고, 또한 모든 내용을 십자가 죽음과 거양이라는 역사적 사건에서 출발하여 펼쳐 나감으로써, 신약성경과 마찬가지로 그리스도는 '주님'이시고, 그리스도는 '구세주'이시라는 고백을 하나로 결합시킨다(콜로 1,16-17 참조).

  이와 같이 요한은 "한처음에 말씀이 계셨다. 말씀은 하느님과 함께 계셨는데, 말씀은 하느님이셨다."(요한 1,1) 하고 하느님의 영원한 '말씀'이신 예수님께서, 한처음 천지창조 이전부터 하느님과 함께 계셨다는 놀라운 신비를 계시한 다음 그 '말씀(로고스)'의 강생 신비를 전한다. "말씀이 사람이 되시어 우리 가운데 사셨다. 우리는 그분의 영광을 보았다. 은총과 진리가 충만하신 아버지의 외아드님으로서 지니신 영광을 보았다."(1,14) 그리고 로고스 찬가 마지막 부분에서는 "아무도 하느님을 본 적이 없다. 아버지와 가장 가까우신 외아드님, 하느님이신 그분께서 알려 주셨다."(1,18)라고 선언한다.

하느님의 아들_외아드님(1,1.18)

공관복음에서 '하느님의 아들'이라는 칭호가 사용된 경우를 살펴보면, 마태오복음(26,63)과[6] 마르코복음(14,61)에서는[7] '사람의 아들'과 동등하

---

6. 『그러나 예수님께서는 입을 다물고 계셨다. 대사제가 말하였다. "내가 명령하오. '살아 계신 하느님 앞에서 맹세를 하고 당신이 하느님의 아들 메시아인지 밝히시오.'"』(마태 26,63)

게 나온다. 루카복음은 '그리스도-메시아'에서(22,67-68)[8] '하느님의 아들'(22,70)이라는[9] 칭호로 한걸음 더 발전시킨다. 루카는 '그리스도-메시아'라는 칭호와 '하느님의 아들'이라는 두 칭호를 구분하여, 예수님의 충만한 신비를 드러내고자 하였다.

반면 마르코복음에서 예수님께서는 당신 친히 '메시아', '사람의 아들', '하느님의 아들'이심을 분명히 밝히신다(마르 2,28; 14,61-62). 마르코가 전하는 예수님의 수난사화를 자세히 살펴보면, 예수님께서는 이사야 예언서의 고통당하는 주님의 종처럼 수많은 조롱과 모욕과 고난을 받으시면서도 그들의 온갖 질문에 어떠한 반응이나 대꾸도 하지 않으셨다. 다만 카야파 대사제가 "당신이 찬양받으실 분의 아들 메시아요?"(마르 14,61) 하고 묻자, "그렇다. '너희는 사람의 아들이 전능하신 분의 오른쪽에 앉아 있는 것과 하늘의 구름을 타고 오는 것을 볼 것이다.'"(마르 14,62) 하고 대답하셨다.[10]

---

7. 『그러나 예수님께서는 입을 다무신 채 아무 대답도 하지 않으셨다. 대사제는 다시 "당신이 찬양받으실 분의 아들 메시아요?" 하고 물었다.』(마르 14,61)

8. 『"당신이 메시아라면 그렇다고 우리에게 말하시오." 하였다. 그러자 예수님께서 그들에게 말씀하셨다. "내가 그렇다고 말하여도 너희는 믿지 않을 것이고, 내가 물어보아도 너희는 대답하지 않을 것이다.』(루카 22,67-68)

9. 『그러자 모두 "그렇다면 당신이 하느님의 아들이라는 말이오?" 하고 물었다. 예수님께서 "내가 그러하다고 너희가 말하고 있다." 하셨다.』(루카 22,70)

10. 아울러 루카는 "하느님의 나라는 눈에 보이는 모습으로 오지 않는다. 또 '보라, 여기에 있다.', 또는 '저기에 있다.' 하고 사람들이 말하지도 않을 것이다. 보라, 하느님의 나라는 너희 가운데에 있다. 너희가 사람의 아들의 날을 하루라도 보려고 갈망할 때가 오겠지만 보지 못할 것이다."(루카 17,20-22)라는 예수님의 말씀을 인용하면서 예수님의 사명 수행과 함께 하느님의 나라가 이미 와 있다고 말한 다음(20-21절), 곧바로 하느님 나라에 대한 보충적인 면을 소개한다(22절). 곧 사람의 아들이 당신의 '날'에 오실 때에, 이 하느님의 나라는 최종적으로 예측할 수 없는 방식으로 이루어진다는 것이다. 그러므로 루카복음에서 이 '사람의 아들의 날'은, 사람의 아들이 최종적으로 오시는 영광스러운 메시아 시대를 가리키는 것으로 판단된다.

그런데 마르코복음 사가는 그 첫마디를 "하느님의 아드님 예수 그리스도의 복음"(1,1)이라고 시작하면서 "하느님의 복음"(1,14), 더 짧게는 그냥 "복음"(1,15)이 주된 관심사임을 분명히 한다. 마르코복음에 따르면, 예수 그리스도께서 하느님의 아드님이시라는 사실을 하느님께서 직접 계시하셨고,[11] 또한 더러운 영들도 이 사실을 밝힌다.[12] 그러면서도 이 사실은 비밀로 남아야 했지만, 결국 재판 과정에서 예수님께서 친히 이 칭호를 받아들이셨다.[13] 또한 십자가 곁에서 예수님의 죽음을 지켜보던 이교도 백인대장이 이 칭호를 고백하기에 이른다.[14]

마르코복음서에서 예수님이 그리스도이심을, 그리고 하느님의 아드님이심을 드러내는 이 사건들은 두 단계로 펼쳐진다.

첫째, 악의 세력들을 무찌르는 예수님의 가르침과 행동의 힘을 많은 군중이 알아보지만(1,21-45; 3,7-10), 예수님께서 하느님의 아드님이라는 사실은 비밀로 남아 있어야 한다(1,25; 3,12). 다른 한편으로, 모세의 율법만을 충실히 지키는 오만한 자들은 예수님을 반대하고 나

---

11. "이어 하늘에서 소리가 들려왔다. '너는 내가 사랑하는 아들, 내 마음에 드는 아들이다.'"(마르 1,11); "그때에 구름이 일어 그들을 덮더니 그 구름 속에서, '이는 내가 사랑하는 아들이니 너희는 그의 말을 들어라.' 하는 소리가 났다."(마르 9,7)
12. "또 더러운 영들은 그분을 보기만 하면 그 앞에 엎드려, '당신은 하느님의 아드님이십니다!' 하고 소리 질렀다."(마르 3,11); (더러운 영이 들린 사람이) "큰 소리로 '지극히 높으신 하느님의 아들 예수님, 당신께서 저와 무슨 상관이 있습니까? 하느님의 이름으로 당신께 말합니다. 저를 괴롭히지 말아 주십시오.' 하고 외쳤다."(마르 5,7)
13. "그러나 예수님께서는 입을 다무신 채 아무 대답도 하지 않으셨다. 대사제는 다시 '당신이 찬양받으실 분의 아들 메시아요?' 하고 물었다. 예수님께서 대답하셨다. '그렇다.' '너희는 사람의 아들이 전능하신 분의 오른쪽에 앉아 있는 것과 하늘의 구름을 타고 오는 것을 볼 것이다.'"(마르 14,61-62)
14. "그리고 예수님을 마주 보고 서 있던 백인대장이 그분께서 그렇게 숨을 거두시는 것을 보고, '참으로 이 사람은 하느님의 아드님이셨다.' 하고 말하였다."(마르 15,39)

설 뿐만 아니라(2,1-3,6), 마침내는 그분을 마귀 우두머리의 앞잡이라고 주장하기에 이른다(3,22-30). 그러는 가운데 제자들과 군중이 확연히 구분된다(4,10.33-34). 그리고 무의식적으로 나오는 "이게 어찌 된 일이냐?"(1,27)라는 질문이, 제자들에게는 '도대체 이분이 누구이신가?'(4,41)라는 물음으로 바뀐다. 사람들은 여러 가지로 대답한다(6,14-16; 8,27-28). 제자들은 예수님의 사명을 전혀 이해하지 못하면서도(6,52; 8,14-21), 드디어 베드로의 입을 통해 예수님께서 그리스도이심을 고백하기에 이른다(8,29). 그러나 제자들도 예수님에게 이 사실에 관해

"하느님께서 보내신 분께서는 하느님의 말씀을 하신다.
하느님께서 한량없이 성령을 주시기 때문이다."(3,34)

침묵을 지키라는 명령을 받는다(8,30).

둘째, 베드로의 메시아 고백을 기점으로 이제 새로운 가르침이 시작된다. 사람의 아들이 고난을 받고 돌아가셨다가 부활하시리라는 것이다. 세 번에 걸쳐 되풀이되는 이 가르침(8,31-33; 9,30-32; 10,32-34)은 예루살렘에서 예수님과 그분의 적대자들 사이에서 벌어지는 대결로까지 독자들을 이끌어 간다(11-13장). 예수님을 둘러싸고 일어나는 극적인 사건들은 예루살렘에서 대단원의 막을 내린다. 이 대단원의 첫 부분인 수난 때에 예수님의 신원에 관한 비밀도 드러난다. 예수님께서 당신께 사형을 선고한 최고 의회에서 하신 선포(14,61-62)와 그분께서 돌아가실 때에 백인대장이 한 말(15,39)이 예수님의 세례와 거룩한 변모 때에 이루어진 하느님의 계시와 합쳐진다(1,11; 9,7). 그리하여 예수님께서 그리스도이시며 하느님의 아드님이시라는 책 첫머리의 칭호가 당위성을 지니게 된다(1,1). 그동안에는 적의가 담긴 경솔한 말을 지껄이는 마귀들(1,24.34; 3,11)과 예수님께서 구세주시라고 믿는 제자들(8,29)은 침묵을 지켜야 한다. 예수님의 수난과 죽음 전에는 그 뜻이 드러나서는 안 되는 것이다.

루카복음 사가는 유년기 이야기(1,5-2,52)에서 일련의 초자연적 메시지를 통하여 예수님의 신비를 제시한다. 곧 예수님을 성령으로 잉태되신 분, 거룩하신 분, 하느님의 아드님,[15] 구원자, 주 그리스도,[16] 하느님께서 베푸시는 구원, 그리고 모든 민족들의 빛으로 선포하는 메시지이

---

15. "천사가 마리아에게 대답하였다. '성령께서 너에게 내려오시고 지극히 높으신 분의 힘이 너를 덮을 것이다. 그러므로 태어날 아기는 거룩하신 분, 하느님의 아드님이라고 불릴 것이다.'"(루카 1,35)

다(2,31-32). 특히 루카는 복음서 시작 부분에서부터 구원이 '오늘 여기에서' 이루어졌다는 구원의 현재성을 강조하는데(2,11; 3,22; 4,21), 그 이유는 예수님께서 이 세상에 생존하시는 첫 순간부터 하느님의 아드님이시고(1,35) 구원자이시며(2,11) 주님이시기 때문이다(2,11).

루카복음의 "천사가 마리아에게 대답하였다. '성령께서 너에게 내려오시고 지극히 높으신 분의 힘이 너를 덮을 것이다. 그러므로 태어날 아기는 거룩하신 분, 하느님의 아드님이라고 불릴 것이다.'"(루카 1,35)에서 '거룩함'은 하느님께만 속하는 용어인데, 이 '거룩하신 분, 하느님의 아드님'이라는 칭호는 예수님의 신성을 나타내는 가장 오래된 표현 가운데 하나이다. 또한 루카도 구약성경에서처럼[17] '하느님의 아드님'이라는 호칭을 메시아를 일컫는 칭호(루카 4,34.41; 사도 9,20.22)로 사용함으로써 이 칭호를 예수님과 하느님을 일치시키는 신비로운 관계를 가리키는 표현 그 자체로 이용한다. 이 칭호는 예외적으로(루카 22,70; 사도 9,20) 사람들이 쓸 때도 있지만(마태 14,33; 16,16; 27,40.43.54; 마르 15,39), 주로 하느님 아버지(3,22; 9,35), 천사(1,35), 악마(4,3.9.41; 8,28), 예수님 자신이 쓰신다(10,22). 가브리엘 대천사가 전하는 이 메시지에서는 '하느님의 아드님'이 '지극히 높으신 분의 아드님'(1,32)보다 한걸음 더 나아가는 것으로, 예수님께서 하느님의 아드님이 되신다는 내용의 새로운

---

16. "오늘 너희를 위하여 다윗 고을에서 구원자가 태어나셨으니, 주 그리스도이시다."(루카 2,11)

17. "나는 그의 아버지가 되고 그는 나의 아들이 될 것이다."(2사무 7,14)라는 말씀처럼, 구약성경에서 주님께서는 임금을 당신의 양아들로 삼으시는데(시편 2,7; 89,27), 이 양자 채택은 예수님을 메시아로 고백하는 신약성경의 사상으로 이어진다(루카 3,22; 사도 13,33; 히브 1,5).

충만성을 나타낸다. 아울러 사도행전에서 루카는 '하느님의 아드님'과 '그리스도'라는 두 칭호를 동일시하는데, 곧 사울이 "예수님은 하느님의 아드님"(사도 9,20), "예수님께서 메시아이심"(사도 9,22)을 선포하였다고 전한다.

요한복음 사가는 복음서 끝부분에서 "예수님께서 메시아시며 하느님의 아드님이심을 여러분이 믿고, 또 그렇게 믿어서 그분의 이름으로 생명을 얻게 하려는 것이다."(20,31)라고 복음서 저술의 목적을 밝힌다.

또한 로고스 찬가 후반부(1,15-18)에서 창조 이전부터 존재(선재)하시다가 강생하시어 사람이 되시고 하느님의 '아드님'이 되신 '말씀'께서는, 수난과 영광을 통하여 우리의 '메시아(그리스도)'와 '주님과 하느님'(1,1.18; 20,28 참조)이 되셨음을 장엄하게 선포하며 칭송한다.

로고스 찬가에는 "그분은 내가 이렇게 말한 분이시다. '내 뒤에 오시는 분은 내가 나기 전부터 계셨기에, 나보다 앞서신 분이시다.'"(1,15) 하고 '말씀'의 선구자 (세례자) 요한이 예수님에 대하여 증언하는 내용이 소개된다. 여기서 세례자 요한은 '말씀'께서 육화와 강생을 통하여 지상생활을 시작하셨지만, 그분께서 역사적으로는 자기보다 늦게 오셨고, 그분의 출신과 하느님에게서 받으신 사명은 자기보다 월등히 높다는 점을 강조하면서, 사람이 되신 은총과 진리의 이 '말씀'을 앎으로써, '은총에 은총'을 충만히 받아 그분께만 있는 영성적 은혜의 '충만함'을 점점 더 많이 누릴 수 있게 된다고 전한다.

그러나 우리 인간은 근본적으로 하느님을 직접 아는 데까지 이를 능력이 없고(신명 4,12; 시편 97,2), 다만 그것을 갈망하면서 필립보처럼 예수님께, "주님, 저희가 아버지를 뵙게 해 주십시오. 저희에게는 그것으로 충분하겠습니다."(14,8) 하고 간청할 따름이다. 이와 같이 "아무도 하느님을 본 적이 없기에" 누군가가 그분에 대하여 알려 주어야 하는데, 고맙게도 하늘에서 내려오신 "아버지와 가장 가까우신 외아드님, 하느님이신 그분께서 알려 주셨다."(1,18)

여기서 눈여겨볼 표현은 '아버지와 가장 가까우신 외아드님'이라는 말씀인데, 이것은 성부와 성자께서 어떠한 관계보다 더욱 밀접한 관계를 맺고 계심을 드러내는 표현이며, 동시에 1절의 '하느님과 함께 계신' '말씀(로고스)'을 비유적으로 표현한 것이다. 또한 이 표현은, 성부의 생명을 아무런 제한 없이 공유하시는 성자 예수님만이 당신의 존재 자체로, 말씀과 행동으로 하느님을 드러내고 보여 주시는 유일한 분이시고, 사람들을 참다운 깨달음과 생명으로 인도하실 수 있는 분이라는 것이다. 그러므로 "나는 길이요 진리요 생명이다. 나를 통하지 않고서는 아무도 아버지께 갈 수 없다. 너희가 나를 알게 되었으니 내 아버지도 알게 될 것이다. 이제부터 너희는 그분을 아는 것이고, 또 그분을 이미 뵌 것이다."(14,6-7)라는 말씀처럼, 우리가 '은총'과 '진리'이신 예수님을 알게 되면 아버지도 알게 될 것이다. 이와 같이 하느님께서는 형언할 수 없는 일치로 당신과 하나를 이루시는 예수님의 온 생애, 그분의 언행을 통하여 당신의 모습을 완전히 드러내시는 분, 무엇보다도 수난과 부활을 통하여 당신을 온전히 드러내시는 지상의 예수님 안에서, 당신을 완전히 계시하는 분이시다.

또한 예수님께서는 당신의 신원 문제로 유다인들과 논쟁을 벌이시던 중에 유다인들이 "당신은 사람이면서 하느님으로 자처하고 있소."(10,33) 하고 말하자, "내가 이르건대 너희는 신이며 모두 지극히 높으신 분의 아들이다."(시편 82,6)라는 시편 말씀을 근거로 반문을 하신다. "너희 율법에 '내가 이르건대 너희는 신이다.'라고 기록되어 있지 않으냐? 폐기될 수 없는 성경에서, 하느님의 말씀을 받은 이들을 신이라고 하였는데, 아버지께서 거룩하게 하시어 이 세상에 보내신 내가 '나는 하느님의 아들이다.' 하였다 해서, '당신은 하느님을 모독하고 있소.' 하고 말할 수 있느냐?"(10,34-36) 여기서 예수님이 자유롭게 인용하신 "내가 이르건대 너희는 신이며 모두 지극히 높으신 분의 아들이다."라는 말씀에서 '신'은 천상적 존재들 또는 재판관들을 가리키는데, 유다교 주석에서는 이 말씀을 재판관들만이 아니라 전체 이스라엘인들에게도 적용한다. 예수님께서는 이러한 유다인들의 주석에 따라, 만일 그러하다면 하느님에게서 파견되신 분 그 자체이신 당신이야말로 얼마나 더 그러하시겠느냐는 것이다. 그렇기 때문에 하느님 모독 운운할 이유가 없다는 말씀이다. 또한 하느님에게서 파견된 이는 선택을 받거나 성별된 사람으로서, 하느님의 거룩함에 특권적으로 동참하게 된다는 점을 강조하시면서(6,69; 17,17-19; 예레 1,5; 집회 49,7 참조), 솔직히 당신을 '하느님의 아들'이라고 말씀하시는 것이다. 구약성경에서부터 자주 쓰여 온 이 칭호가 이제부터는 예수님의 행동, 그리고 성부와의 일치를 드러내는 표현(10,30.38)에 따라 새로운 의미를 지니게 된다.

하느님(1,1.18)

로고스 찬가(1,1-18)는 "아무도 하느님을 본 적이 없다. 아버지와 가장 가까우신 외아드님, 하느님이신 그분께서 알려 주셨다."(1,18)라는 증언으로 마무리된다. 하느님의 로고스, 외아드님, 사람들의 빛과 생명, 은총과 진리, 하느님이신 그분(예수님)께서 하느님을 알려주셨다. 이처럼 예수 그리스도께서는 하느님의 영원하신 아드님으로서 하느님 아버지를 완벽하게 드러내어 알려주셨는데, 세례자 요한의 증언(요한 1,19 이하)으로 곧바로 이어지는 요한복음의 내용이 이 사실을 증언한다.

　이와 같이 요한복음은 모든 독자에게 하느님의 '말씀'이시며 '외아드님'이신 예수님께서 우리의 '메시아(그리스도)', '주님'이시며 '하느님'임을 깨달아 고백하고, 세례자 요한처럼 이를 증언해야 한다고 촉

"아무도 하느님을 본 적이 없다. 아버지와 가장 가까우신 외아드님, 하느님이신 그분께서 알려 주셨다."(1,18)

구한다.

그런데 로고스 찬가인 머리글 이후 요한복음서에서는 예수 그리스
도를 지칭하는 '말씀'이라는 표현이 더 이상 등장하지 않는다. 그밖에
성경에서 '말씀'과 연계해 예수님을 지칭하는 표현은 '생명의 말씀'(1요
한 1,1)[18]과 '하느님의 말씀'(묵시 19,13)[19]뿐이다. '말씀'께서 사람들 가운
데 사셨으므로, 제자들을 비롯하여 그분 생애의 증인들은 그분을 자기
눈으로 보고 손으로 만지며 그분을 '생명의 말씀'으로 선포할 수 있었
는데, 요한복음의 대상이었던 그리스도 공동체의 경우가 여기에 해당
한다. '생명의 말씀'이라는 예수님의 이 칭호는 지금까지 예수님의 신
원에 대하여 고백해온 하느님의 아드님 · 사람의 아들 · 예언자 · 하느
님의 어린양을 능가하는 표현으로서, '은총과 진리' 자체이시며 하느
님과 함께 선재하시는 '말씀', 곧 '하느님'으로 고백하는 것이다.

---

18. "처음부터 있어 온 것 우리가 들은 것 우리 눈으로 본 것 우리가 살펴보고 우리 손으로 만
져 본 것, 이 생명의 말씀에 관하여 말하고자 합니다."(1요한 1,1)
19. "그분의 눈은 불꽃 같았고 머리에는 작은 왕관을 많이 쓰고 계셨는데, 그분 말고는 아무
도 알지 못하는 이름이 그분 몸에 적혀 있었습니다. 그분께서는 또 피에 젖은 옷을 입고
계셨고, 그분의 이름은 '하느님의 말씀'이라고 하였습니다."(묵시 19,12-13) 여기서는 하
느님을 거역하는 세력들을 물리치신 종말론적 승리자라는 의미에서 예수님을 '하느님의
말씀'(묵시 19,13)이라고 표현한다.

요한복음에서 세례자 요한은 예수님께서 자기 쪽으로 오시는 것을 보고 주변에 있는 사람들에게 "보라, 세상의 죄를 없애시는 하느님의 어린양이시다."(1,29) 하고 선언한다. 이어지는 단락(1,35-42)에서도 자기 제자 두 사람 앞에서 예수님이 '하느님의 어린양'이시라고 증언한 다음, 이 단락 마지막 절에서는 "저분이 하느님의 아드님"(1,34)이라고 선언한다.

이와 같이 요한복음 사가는 머리글(1,1-18)에 곧바로 이어 복음을 시작하는 앞부분에 세례자 요한이 예수님의 신원과 관련하여 증언하는 내용을 소개하는데, 예수님께서 '하느님의 어린양'이요 '하느님의 아드님'이라는 세례자 요한의 증언을 배치함으로써 예수 그리스도가 누구신지, 또한 이 증언에 담긴 내용을 통하여 예수님의 구원업적이 어떠한 의미를 담고 있는지 그 특성을 요약하여 보여주려고 한다.

세례자 요한이 선포한 '하느님의 어린양'이라는 말은 예수님의 대속적(代贖的)인 죽음을 상기시키는데, 여기에는 두 가지 전통적 표상이 혼합되어있다. 첫째는, 죄가 없으면서도 많은 사람의 죄를 대신 짊어지

"보라,
세상의 죄를 없애시는 하느님의 어린양이시다."
(1,29)

고 자신을 어린양처럼 희생하는 '주님의 고통 받는 종'의 표상이다(이사 52,13-53,12). 둘째는, 이스라엘의 구원을 상징하는 파스카 때에 잡는 어린양의 표상이다(탈출 12,1-28; 요한 19,14.36; 1코린 5,7; 묵시 5,6.12 참조). 이때 파스카 양은 규정상 '흠 없고 티 없는 어린양'(탈출 12,5)으로서 조건을 충족해야 한다. 요한복음은 예수님의 십자가 죽음을 이 두 가지 표상에 담긴 어린양의 희생과 죽음으로 이해하여, 그분을 '하느님의 어린양'이라고 표현한다.

예수 그리스도의 부활로 말미암아 자기들도 부활하여 영원을 상속받으리라는 희망 속에 살아가는 신자들에게 베드로 사도는 "여러분도 알다시피, 여러분은 조상들에게서 물려받은 헛된 생활 방식에서 해방되었는데, 은이나 금처럼 없어질 물건으로 그리된 것이 아니라, 흠 없고 티 없는 어린양 같으신 그리스도의 고귀한 피로 그리된 것입니다."(1베드 1,18-19) 하고 선언하면서 희망에 합당한 거룩한 생활을 하라고 권면한다. 이 표현에서도 그리스도의 희생이 구약의 파스카 양처럼 '흠 없고 티 없는 어린양'(탈출 12,5)으로서의 봉헌이었음이 강조된다.

예수님께서 파스카 당일에 십자가에서 돌아가셨다고 전하는 공관복음과는 달리, 요한복음은 '파스카 준비일'(요한 19,14), 곧 파스카 축제 하루 전날, 축제에 사용할 양을 잡는 그날에 십자가에서 돌아가셨다고 전하면서 예수님의 죽음을 파스카 어린양의 죽음과 연결시킨다. 이제 진정한 파스카는 유다인들의 파스카가 아니라, 하느님의 어린양이신 성자께서 영광스럽게 되신 일이 된다. 그리고 신약의 파스카 어린양이신 예수님의 죽음과 부활로 우리의 구원업적이 성취되었다.[1]

희생된 하느님의 어린양과 관련하여 요한묵시록은, 에제키엘 예언서의 성전에서 흘러나오는 '생명수'(에제 47,1-12)와 희생된 어린양의 천상 어좌에서 흘러나오는 '생명수의 강'을 연결한다. 물이 귀한 팔레스티나에서는 샘이 생명력을 부여하는 하느님의 힘을 가리키는 상징으로 여겨졌다. 그래서 샘 부근에 성소를 짓기도 하였는데, 예루살렘의 경우도 마찬가지다. 예루살렘에는 기혼 샘에서(1열왕 1,33-40 참조) 실로아로 흐르는 수로가 있었다. 에제키엘은 새로운 시온, 그곳에 세워진 성전 밑에서 새 샘이 흐르는 것을 본다. 옛 예루살렘에 흐르던 실로아 물이 하느님의 구원 개입을 드러내기에는 너무 초라하다고 생각하는 이들이 있었지만(이사 8,6 참조), 이제 새 성읍에서(시편 46,5 참조) 흘러나와 점점 커지는 이 샘은, 팔레스티나 땅에서 가장 메마른 지역을 비옥하게 만들면서, 거칠 것 없이 생명력을 부여하는 주님의 능력을 드러내게 된다. 이처럼 그분께서는 바로 당신의 영광을 이 새 성전에 자리 잡게 하셨다. 이 생명력을 지닌 '생명수'는 바로 하느님에게서 흐르는 것과 마찬가지다. 수많은 과일나무(7절)와 약으로 쓰이는 잎이 싹트는 나무들이 있는(12절) 이 풍부한 물의 광경은 에덴에 있던 낙원의 표상을 이어받는다. 에덴동산에서도 신기하게 물이 흐르고, 무성한 나무들 한가운데에는 '생명나무'가 자리 잡고 있었다(창세 2,9-14).

---

1. 참고로 파스카와 무교절은 본디 기원이 다른 축제였지만, 실제로는 동일시되기에 이르렀다(신명 16,1-8 참조). 예루살렘의 관습에 따르면, 첫째 달(히브리말로는 니산 달로 대충 4월에 해당한다.) 열나흘 날 오후에 성전에서 어린 양들을 잡는다. 이날은 춘분 직후의 만월 전날이다. 잡은 양은 그날 저녁에 예루살렘 성 안에서 가족별로, 또는 열에서 스무 명까지 무리를 지어 먹었다(탈출 12,1-14 참조). 이날 저녁부터(해가 지는 것으로 새 날이 시작되었다.) 집에서 누룩이 치워지고, 이레 동안 누룩 든 빵을 먹는 것이 금지되었다(탈출 12,15-20). 옛날 이집트에서 해방된 것을 기념하면서, 이스라엘인들은 메시아가 가져올 구원에 대한 희망 속에 하느님의 구원 업적을 회상하고 재현하였는데, 이것이 한 해의 가장 큰 축제였고 오순절과 초막절 때처럼 예루살렘에는 많은 순례자가 모여들었다.

신약성경의 요한계 문헌들은 이러한 구약성경의 예언이 예수 그리스도, 그리고 희생된 어린양에게서 실현된다고 보았다. 특히 요한묵시록의 "그 천사는 또 수정처럼 빛나는 생명수의 강을 나에게 보여 주었습니다. 그 강은 하느님과 어린양의 어좌에서 나와, 도성의 거리 한가운데를 흐르고 있었습니다. 강 이쪽저쪽에는 열두 번 열매를 맺는 생명나무가 있어서 다달이 열매를 내놓습니다. 그리고 그 나뭇잎은 민족들을 치료하는 데에 쓰입니다."(묵시 22,1-2)라는 증언처럼, 새로운 성전인 예수 그리스도의 몸,[2] 곧 그분의 옆구리에서[3] '영원한 생명을 누리게 하는 물'이 흐른다(요한 4,14; 7,37-39)고 강조한다. 희생된 어린양의 천상 어좌에서는 "생명수의 강"이 흘러나온다(묵시 22,1.2). 이와 같이 묵시록에 따르면, 새 예루살렘에서는 주 하느님과 어린양이 바로 성전 그 자체이신데(21,22), 이러한 표상은 하느님과 어린양에게서 직접 생명이 흘러나옴을 강조한다(요한 7,38).

그래서 이제부터 어린양의 백성인 교회는 하느님의 어린양께서 가시는 곳마다 따라가면서, 현세에서 다양한 면을 지닌 그리스도 신비를 따라 살아간다. "그들은 동정을 지킨 사람들로서 여자와 더불어 몸을 더럽힌 일이 없습니다. 또한 그들은 어린양이 가는 곳이면 어디든지 따라가는 이들입니다. 그들은 하느님과 어린양을 위한 맏물로 사람들 가운데에서 속량되었습니다."(묵시 14,4)라는 말씀은, 그리스도와 온전한 연대를 이룬다는 것을 의미한다. 물론 이 말씀은 이상적인 상태

---

2. "그러나 그분께서 성전이라고 하신 것은 당신 몸을 두고 하신 말씀이었다."(2,21)
3. "군사 하나가 창으로 그분의 옆구리를 찔렀다. 그러자 곧 피와 물이 흘러나왔다."(19,34)

를 말하는 것으로, 동정성이 그리스도를 따르는 백성의 특징으로 제시되는데, 그리스도와의 연대성은 이 동정성을 이해하는 데에 열쇠가 될 것이다. 여기에서 말하는 순결은 성관계를 전혀 갖지 않았다거나 불륜이나 간통을 저지르지 않았다는 좁은 의미가 아니라, 더욱 넓게 은유적으로 이해해야 한다. 곧 구약성경에서 지적하듯이, 이 세상에서 자행되는 우상숭배로 조금이라도 몸이 더럽혀지지 않도록 조심하는 교회의 고결함과 충실함을 가리키는 것이다. 여기에는 아마도, 여러 민족의 종교에서 성행하던 신전 매춘을 경계하는 의미도 들어 있을 것이다. 그런데 어린양이신 그리스도와의 이러한 합일에는 다음과 같은 여러 가지 도덕적이고 영성적인 자세가 포함된다.

첫째, 하느님을 받아들이지 않는 세상에서 증언을 해야 하기 때문에 교회에는 충실한 삶이 요구된다(1,3; 2,10.13.26; 3,8; 14,12; 22,7.9).

둘째, 교회는 나그네처럼 살아가며 유배살이를 하는 이 땅에서 박해를 받지만, 하느님에게서 보호를 받고 부활의 첫 열매로 힘을 얻는다. 한편으로는 시련을 받으면서도 다른 한편으로는 영광의 보증을 받은 이러한 상태에 상응하는 자세는 바로 충실성의 특별한 형태인 항구함이다. 이는 증언의 특별한 형태가 순교인 것과 같다(1,9; 2,2.3.10; 3,10-11; 13,10; 14,12).[4]

---

4. 참고로 사도행전에서 바오로는 그리스도교로 개종하기 전 스테파노가 순교할 당시에 자기도 그의 죽음에 적극 찬동하면서 그들을 도와주기까지 하였다고 다음과 같이 고백한다. "주님의 증인인 스테파노가 피를 흘리며 죽어 갈 때, 저도 곁에 있었을 뿐만 아니라 그 일에 찬동하면서, 그를 죽이는 자들의 옷을 지켜 주기까지 하였습니다."(사도 22,20) 여기서 '증인'에 해당하는 그리스말은 'μάρτυρος, 마르튀로스'인데, 이것을 라틴 말에서는 마르티르(martyr)로 옮긴다. 또한 이 단어는 '피를 흘리며 증언한 사람'이라는 의미에서 '순교자'를 뜻하기도 한다. 사도행전의 이 구절에서 '증인'이라는 어휘가 벌써 이러한 의미로 나

셋째, 교회는 또한 자기의 참고향인 천상 예루살렘의 계시를 향하여 행진하는 탈출의 여정에 있다. 그러면서도 자기 주님의 완전한 현현의 힘으로 살아가기 위하여 준비하는데, 현재 시련을 겪고 있으면서도 미래의 영광을 내다봄으로써 교회 안에는 희망에 찬 긴장이 형성된다. 그래서 교회는 커다란 희망과 함께 "오십시오, 주 예수님!"(6,10; 10,7; 11,17-18; 12,10-12; 15,3-4; 19,7-9; 20,3-4; 22,17.20) 하고 고백한다.

그밖에 묵시 5장에서는 구원자이신 어린양께 찬양과 감사의 전례를 거행하는 하느님 백성의 모습이 소개된다. "나는 또 어좌와 네 생물과 원로들 사이에, 살해된 것처럼 보이는 어린양이 서 계신 것을 보았습니다. 그 어린양은 뿔이 일곱이고 눈이 일곱이셨습니다. 그 일곱 눈은 온 땅에 파견된 하느님의 일곱 영이십니다."(5,6)라는 이 말씀은, 희생되셨지만 부활하신 어린양의 파스카 신비를 종합한 것이라고 할 수 있다. '어린양', 곧 그리스도께서는 당신 자신을 희생하심으로써('살해된') 죽음을 이기신 승리자가 되셨다('서 계신 것'). 그리스도를 '어린양'으로 표현하는 것은 묵시록에서 가장 흔한 표상 가운데 하나이다. 이 표상은 '주님의 종'의 넷째 노래에서 선포하는 "학대받고 천대받았지만 그는 자기 입을 열지 않았다. 도살장에 끌려가는 어린양처럼 털 깎는 사람 앞에 잠자코 서 있는 어미 양처럼 그는 자기 입을 열지 않았다."(이사 53,7)라는 메시아 예언에 준거한다. 이 표상이 이집트 탈출 때의 파스카 양과 관련되었을 개연성이 상당히 높다(탈출 12,3-6)는 점을 앞에

아가고 있다. 이와 같이 '증인(μάρτυρος, 마르튀로스)'과 '증언(μαρτουρία, 마르튀리아)'은 그리스말의 같은 어근에서 나왔다.

'어린양' 곧 그리스도께서는 당신 자신을 희생하심으로써('살해된')
죽음을 이기신 승리자가 되셨도다.

서 설명한 바 있다.

또한 마지막 일곱 재앙을 예고하는 단락(묵시 15,1-8)에서 이스라엘
인들이 갈대 바다를 건넌 뒤에 모세가 이집트인들에게서 구원된 백성
을 대신하여 감사 노래를 부른 것처럼(탈출 15장), 짐승을 눌러 이긴 이
들(모진 박해를 이겨낸 이들)도 '유리 바다'에 서서 하느님에 대한 고마
움을 다음과 같이 노래한다. 『"나는 또 불이 섞인 유리 바다 같은 것을
보았습니다. 그 유리 바다 위에는 짐승과 그 상과 그 이름을 뜻하는 숫

자를 무찌르고 승리한 이들이 서 있었습니다. 그들은 하느님의 수금을 들고, 하느님의 종 모세와 어린양의 노래를 부르고 있었습니다. '전능하신 주 하느님 주님께서 하신 일은 크고도 놀랍습니다. 민족들의 임금님 주님의 길은 의롭고 참되십니다.'"』(묵시 15,2-3) 여기서 그들의 승리는 어린양이 거두신 승리에 동참하는 것이기 때문에 '어린양'의 노래이기도 하다.

나자렛 사람 예수님_사람의 아들_ 다윗의 후손 메시아_그리스도 11

나자렛 사람 예수님(1,45)

신약성경은 구약성경에 담긴 긍정적 가르침을 간직하면서 유다인 메시아이며 하느님의 아드님이신 나자렛 사람 예수님이 어떤 분이신지 설명하고자 구약성경의 본문들을 새롭게 해석해 나갔다. 1세기 후반에는 첫 그리스도교 공동체가 탄생하게 되어, 서서히 유다교로부터 갈라져 나가게 되었다. 그리스도인들은 하느님 백성의 역사와 예언자들의 예고가 나자렛 사람 예수님의 오심으로 완성되었다고 믿는다.

요한복음에서 나자렛 사람 예수님에 관한 직접적이고 구체적인 언급은 "빌라도는 명패를 써서 십자가 위에 달게 하였는데, 거기에는 '유다인들의 임금 나자렛 사람 예수'라고 쓰여 있었다."(19,19)에서 나타난다. 그런데 사도행전은 "이스라엘인 여러분, 이 말을 들으십시오. 여러분도 알다시피, 나자렛 사람 예수님은 하느님께서 여러 기적과 이적과 표징으로 여러분에게 확인해 주신 분이십니다. 하느님께서 그분을 통하여 여러분 가운데에서 그것들을 일으키셨습니다."(사도 2,22)에서처럼, 예수님을 가리키기 위하여 자주 그냥 '나자렛 사람'이라고 부른다

"군중 가운데 어떤 이들은, '저분은 참으로 그 예언자시다.' 하고,
어떤 이들은 '저분은 메시아시다.' 하였다.
그러나 이렇게 말하는 이들도 있었다.
'메시아가 갈릴래아에서 나올 리가 없지 않은가?'"(7,40-41)

(3,6; 4,10; 6,14; 22,8; 24,5; 26,9).

마태오복음도 왕권을 빼앗기지 않을까 두려워한 헤로데가 광기에 빠져 갓 태어난 두 살 아래 아기들을 학살할 때 이집트로 피난 갔던 성가정이 돌아와 나자렛에 정착하였다고 전한다. "그러나 아르켈라오스가 아버지 헤로데를 이어 유다를 다스린다는 말을 듣고, 그곳으로 가기를 두려워하였다. 그러다가 꿈에 지시를 받고 갈릴래아 지방으로 떠나, 나자렛이라고 하는 고을로 가서 자리를 잡았다. 이로써 예언자들을 통하여 '그는 나자렛 사람이라고 불릴 것이다.' 하신 말씀이 이루어졌다."(마태 2,22-23) 여기서 그리스말 'Ναζαραῖος, 나조래오스'(마태 26,71; 루카 18,37)는 어원적으로 풀리지 않는 문제를 안고 있지만, 마태오는 '나자렛 사람'으로 이해한 듯하다. 그는 이 이름으로 '나지르인'(판관 13,5.7; 16,17 참조), 곧 '하느님께 봉헌된 이', 더 나아가 '하느님의 거룩한 이 그 자체'를 가리키고자 했을 가능성도 있다.

부활사화에서 마르코는 "놀라지 마라. 너희가 십자가에 못 박히신 나자렛 사람 예수님을 찾고 있지만 그분께서는 되살아나셨다. 그래서 여기에 계시지 않는다. 보아라, 여기가 그분을 모셨던 곳이다."(마르 16,6) 하고 전하는데, 그는 이 '나자렛 사람 예수님'이라는 칭호를 통하여 십자가에 못 박히신 분과 부활하신 분이 동일하다는 사실을 강조한다. 그밖에도 루카는 예리코에서 눈먼 이를 고쳐주신 기적 이야기(18,35-42)에서 사람들이 예수님을 '나자렛 사람'으로 부르는 것을 전해준다(마태 20,29-34; 마르 10,46-52 참조).

요한복음은 예수님을 나자렛 사람이면서 하느님의 아드님으로 부르는데, 이러한 고백을 필립보와 나타나엘을 부르시는 단락(1,43-51)에서 만나게 된다. 벳사이다 출신 필립보는 "나를 따라라."라는 예수님의 부르심을 받고 그분의 제자가 된 후 처음으로 만난 나타나엘에게 "우리는 모세가 율법에 기록하고 예언자들도 기록한 분, 곧 메시아를 만났는데, 나자렛 출신으로 요셉의 아들 예수라는 분"이라고 증언한다. 그러자 나타나엘은 구약성경은 물론 초기 라삐 문헌에서도 전혀 언급되지 않는 보잘것없는 촌락 "나자렛에서 무슨 좋은 것이 나올 수 있겠소?" 하고 말한다. 나타나엘은 나자렛과 가까운 고을 카나 출신(21,2) 인지라 나자렛에 대하여 잘 알고 있었기에 의구심이 더 컸을 것이다.

필립보는 예수님께서 첫 두 제자(안드레아와 다른 제자)를 부르실 때 말씀하신 그대로 나타나엘에게도 "와서 보시오." 하고 말하였다. 필립보가 예수님과 같은 방식으로 나타나엘을 초대한 이유는, 아마도 메시아이신 예수님, 곧 모세의 율법서와 예언서를 비롯하여 구약성경이 예고한 그분과 그분의 사명에 대하여 나타나엘이 제대로 이해할 수 있도록 자기가 구체적으로 설명하는 것은 불가능하고, 오직 그분을 직접 만나 그분의 말씀을 들을 때에야 가능하다고 생각했기 때문일 것이다.

이어서 필립보의 권유로 예수님을 찾아간 나타나엘과 예수님의 대화가 소개된다. 당신 쪽으로 오는 나타나엘을 보시고 예수님께서는 "보라, 저 사람이야말로 참으로 이스라엘 사람이다. 저 사람은 거짓이 없다." 하고 극찬하신다. 나타나엘이 예수님께 "저를 어떻게 아십니까?" 하고 묻자 예수님께서 "필립보가 너를 부르기 전에, 네가 무화과나무 아래에 있는 것을 내가 보았다." 하고 대답하셨다. 당시 율법 학자들은 선악을 알려 준다는 나무, 곧 무화과나무 아래에 앉아 성경 공부에 전념하곤 하였는데, 율법 학자들의 이런 모습을 라삐들은 '무화과나무 아래에 앉다'라고 표현하였다. 나타나엘도 다른 이들의 눈을 피해 무화과나무 아래에서 아마도 성경, 특히 사람들이 갈망하는 메시아에 관한 부분을 열심히 공부하고 있었던 것으로 보이는데, 초자연적인 능력으로 모든 것을 아시는 예수님께서 그의 이러한 모습을 보셨을 것이다. 그러자 나타나엘이 예수님께 "스승님, 스승님은 하느님의 아

"그러나 나는 나 스스로 온 것이 아니다.
나를 보내신 분은 참되신데 너희는 그분을 알지 못한다.
나는 그분을 안다.
내가 그분에게서 왔고 그분께서 나를 보내셨기 때문이다."(7,28-29)

드님이십니다. 이스라엘의 임금님이십니다." 하고 믿음을 고백한다.

"와서 보아라."(1,39.46) 하고 제자들을 초대하신 예수님께서는 나타나엘의 고백을 들으시고 이에 화답하시듯이, "네가 무화과나무 아래에 있는 것을 보았다고 해서 나를 믿느냐? 앞으로 그보다 더 큰 일을 보게 될 것이다. 내가 진실로 진실로 너희에게 말한다. 너희는 하늘이 열리고 하느님의 천사들이 사람의 아들 위에서 오르내리는 것을 보게 될 것이다."(1,50-51) 하고 말씀하신다. 이 내용은 다음 항목에서 살펴볼 '사람의 아들'이신 예수님의 칭호와도 자연스럽게 연결된다.

요셉의 아들 예수님

마태오복음서의 족보(1,1-17)와 루카복음서의 족보(3,23-38)는 예수님께서 다윗의 자손이심을 보여 주는데, 그것은 예수님의 메시아적 정당성의 바탕이 된다. 마태오복음과 루카복음은 예수님의 동정녀 잉태를 전하면서도, 둘 다 모두 요셉 쪽의 족보를 말한다. 구약성경에서는 남자 쪽으로만 족보가 작성되기 때문이다. 이 두 족보는 당시 족보들이 자주 그러하듯, 서로 다를 뿐만 아니라 상당히 인위적이다. 그 가운데 아브라함에게서 다윗까지의 조상, 유배 뒤의 즈루빠벨과 스알티엘, 그리고 예수님의 아버지 요셉과 관련해서만 일치할 뿐이다. 마태오는 아브라함에게서 예수님까지 유다 왕국의 임금들을 거치면서 3 × 14(=42) 대로 제시한다. 반면에 루카는 아담에게서 예수님까지 임금은 다윗만 포함시키면서 11 × 7(=77) 대로 계산한다. 또 루카는 복음서의 첫머리에 예수님의 족보를 배치한 마태오와는 달리, 그분께서 하느님의 아드님이심을 말한 다음에야(1,35; 3,22) 비로소 그분의 인간적 혈통을 제시한다. 그리고 그는 예수님과 온 인류의 관계를 강조하려고(사도 17,26.31) 아브라함이 아니라 아담에게까지 거슬러 올라간다. 한편 그는 다윗과 스알티엘 사이에 임금은 하나도 거명하지 않고 예언자들의 이름만 넣는데, 이는 세속적인 절대 군왕의 모습을 한 당시의 메시아 사상을 반대하는 의미에서 그렇게 하였을 것이다(루카 4,6 참조).

마태오복음 첫 부분은 '예수 그리스도의 족보'(1,1-17)에 이어 예수 그리스도께서 어떻게 탄생하셨는지 그 경위를 자세하게 설명한다(1,18-25). 즉 족보에서 이미 밝힌 것처럼 "야곱은 마리아의 남편 요셉을 낳았는데, 마리아에게서 그리스도라고 불리는 예수님께서 태어나셨다."라는 예수님의 법적인 탄생과 관련된 내용을 다룬다. 유다인들에게는 생물학적 혈통보다 '이는 내 아들이다.'라는 법적 인정이 더 중요하였기 때문에, 동정녀의 아들인 예수님께서 어떻게 요셉의 아들이 되고, 어떻게 다윗의 자손이 되는지를 구체적으로 설명하는 것이다.

루카복음의 경우(1,26-38), 가브리엘 천사가 예수님의 탄생을 예고하자 마리아는 "저는 남자를 알지 못하는데, 어떻게 그런 일이 있을 수 있겠습니까?" 하고 말한다. 그러자 천사가 "성령께서 너에게 내려오시고 지극히 높으신 분의 힘이 너를 덮을 것이다. 그러므로 태어날 아기는 거룩하신 분, 하느님의 아드님이라고 불릴 것이다." 하고 대답한다. 여기서 '남자를 알다'라는 표현은 부부 관계를 포함하여(창세 4,1.17.25; 19,8; 24,16 등) 육체관계를 맺는다는 뜻이기 때문에, 이 '알다'를 '잠자리를 같이하다, 관계하다' 등으로도 옮길 수 있다. 마리아는 요셉과 정혼하였지만 여전히 숫처녀로서(27절 참조) 다른 남자는 물론 요셉과도 관계를 맺은 일이 없다는 것이다. 마리아가 말한 이 내용은 "예수 그리스도께서는 이렇게 탄생하셨다. 그분의 어머니 마리아가 요셉과 약혼하였는데, 그들이 같이 살기 전에 마리아가 성령으로 말미암아 잉태한 사실이 드러났다."(마태 1,18)라는 마태오복음과 상통하는 것으로, 둘 다 '동정 잉태'를 가리킨다.

그러나 공관복음에 따르면, 예수님 당시의 군중은 그분을 '목수의 아들', '마리아의 아들', '요셉의 아들'로 이해하고 있었다. 예를 들면 예수님께서 고향에 가시어 회당에서 사람들을 가르치셨을 때에, 그분의 말씀을 들은 군중은 다음과 같이 반응했다. "저 사람이 어디서 저런 지혜와 기적의 힘을 얻었을까? 저 사람은 목수의 아들이 아닌가? 그의 어머니는 마리아라고 하지 않나? 그리고 그의 형제들은 야고보, 요셉, 시몬, 유다가 아닌가?"(마태 13,54-55), "저 사람은 목수로서 마리아의 아들이며, 야고보, 요세, 유다, 시몬과 형제간이 아닌가? 그의 누이들도 우리와 함께 여기에 살고 있지 않는가?"(마르 6,3), "그러자 모두 그분을 좋게 말하며, 그분의 입에서 나오는 은총의 말씀에 놀라워하였다. 그러면서 '저 사람은 요셉의 아들이 아닌가?' 하고 말하였다."(루카 4,22)

사람의 아들(1,51)

유다교 묵시문학의 종말론적 예언과 다니엘서 같은 구약성경 묵시문학에서 '사람의 아들'은, 마지막 날에 죄인들을 심판하고 의인들을 구원하러 오시는 존재, 곧 최고의 재판관 기능을 수행하기 위하여 구름을 타고 오시는 신비로운 존재를 가리킨다. 공관복음에서는 예수님께서 여러 번에 걸쳐 '사람의 아들'이 임금처럼 하늘의 구름을 타고 '영광에 싸여' 천사들을 데리고 내려오시어 모든 민족들을 심판하시는 분(마태 16,27; 19,28; 25,31; 마르 13,26; 루카 17,22-30)으로 소개된다. 공관복음처럼 요한복음도 머리글에서 '사람의 아들'이 예수님을 가리키는 칭호로 나타난다.

마태오복음 18장에서 어떤 율법 학자가 다가와 예수님께, "스승님, 어디로 가시든지 저는 스승님을 따르겠습니다." 하고 말하자, 예수님께서 "여우들도 굴이 있고 하늘의 새들도 보금자리가 있지만, 사람의 아들은 머리를 기댈 곳조차 없다."(18,20) 하고 말씀하셨다. 신약성경에서 '사람의 아들(人子)'은 사도행전과 요한묵시록(사도 7,56; 묵시 1,13;

"너희는 하늘이 열리고 하느님의 천사들이
사람의 아들 위에서 오르내리는 것을 보게 될 것이다."(1,51)

14,14)을 제외하고는 복음서에만 등장하는데, 그것도 직간접적으로 예수님께서 하시는 말씀에만 나온다. 초기 그리스도교 공동체도 '사람의 아들'이 예수님께서 직접 쓰신 전형적 표현 가운데 하나임을 알고 있었지만, 그러면서도 이 호칭보다는 '주님, 그리스도, 하느님의 아드님' 등으로 즐겨 불렀다. 예수님께서는 어떤 때에는 '사람의 아들'과 약간 거리가 있는 듯이 말씀하시고(마태 16,27; 24,30), 어떤 때에는 당신 자신과 '사람의 아들'을 명백히 동일시하신다(마태 8,20; 11,19; 16,13). 마르코도 "그러므로 사람의 아들은 또한 안식일의 주인이다."(마르 2,28)라고 하신 예수님의 말씀을 인용하면서, '사람의 아들'이 분명 예수님이심을 밝힌다.

일부에서는 이 칭호를 "사람의 아들아, 일어서라. 내가 너에게 할 말이 있다."(에제 2,1), "사람의 아들아, 내가 이스라엘 자손들, 나를 반역해 온 저 반역의 민족에게 너를 보낸다. 그들은 저희 조상들처럼 오늘날까지 나를 거역해 왔다."(2,3) 등에 나오는 것처럼 이해하기도 하지만,[1] 대부분의 학자들은 묵시문학 전통과 관련짓는다(다니 7,13과 외경에 속하는 에녹서). 앞에서 설명한 것처럼 이 전통에 따르면, 사람의 아들은 마지막 날에 죄인들을 심판하고 의인들을 구원하러 오시는 존재이다.

---

1. 에제키엘 예언자가 전하는 '사람의 아들'에서 '사람'은 히브리말로 아담인데, 에제키엘은 이 표현을 예언서에서 무려 백 번 가까이 사용한다. 특히 이것은 에제키엘 예언서 1장의 환시가 계속되는 이 2장에서 매우 인상적인 대비를 이루며 쓰인다. 곧 보는 이에게 공포를 자아낼 정도로(1,28) 웅장하게 나타나는 '주님의 영광' 앞에서, 에제키엘은 제 발로 일어설 수조차 없는 나약하고 비참한(창세 2,7 참조) '사람'일 따름임을 강조하기 위해 이 표현을 자주 사용한다(1.3.6.8절). 그래서 에제키엘서에 나오는 '사람의 아들'은, 다니엘서와 같은 묵시문학에서 신비로운 존재를 가리키거나 신약성경에서 예수님을 가리키는 칭호와는 다르다.

초대 그리스도교 공동체는 이러한 칭호로 예수님을 가리킴으로써, 예수님에게서 유래하는 하나의 독창성을 보여 준다. 곧 죄인들을 구원하시고(마태 9,6) 메시아 시대를 여시는(마태 12,8) 예수님은, 권위를 가지고 미래의 심판을 미리 보여 주시는 분이라는 것이다. 더욱이 '사람의 아들'이 '주님의 종'의 예언적 서술과 연결됨으로써(마태 17,9.22-23; 20,18; 26,2.24.45; 마르 8,31), 이제 이 칭호는 유다교와 관련하여 새로운 의미를 얻게 된다. 곧 유다교 묵시문학에서는 사람의 아들이 영광스럽기만 한 존재이지만, 예수님에게서는 역설적으로 그러한 영광에 수치스러운 십자가를 결합시키기 때문이다.

공관복음에서처럼 요한묵시록에서도 예수님께서는 당신을 스스로 '사람의 아들'이라고 칭하시는데, 이 칭호는 앞서 소개한 다니엘 예언서(특히 7,9-15)를 상기시킨다. 네부카드네자르의 꿈을 해몽하는 다니엘서 2장에서 다니엘은, 인간 역사 안에서 막강한 제국들이 흥망성쇠를 반복하다가 실질적인 종말이 오면, 초인간적이고 초역사적인 하느님의 영원한 나라(2,44)가 시작될 것이라고 풀이한다. 7장에서 다니엘은 "내가 이렇게 밤의 환시 속에서 앞을 보고 있는데, 사람의 아들 같은 이가 하늘의 구름을 타고 나타나 연로하신 분께 가자 그분 앞으로 인도되었다."(7,13)라고 전한다. 여기서 '연로하신 분'의 모습으로 서술되는 하느님께서는, '사람의 아들 같은 이'의 천상 등극을 집행하신다. 물론 이 존재는 상징적인 인물이지만, 후대의 유다교 전통은 이 인물을 다윗 집안의 메시아로 간주하여 종말에 왕권과 사법권을 쥐고 하느님의 계획을 실행에 옮기는 신비로운 존재를 가리키게 된다. 이처럼 신약성경 요한묵시록은, 예수 그리스도를 다니엘서 7장의 '사람의 아들 같은 이'의 모습으로 서술한다(묵시 1,13-14).

요한복음에서 예수님께서 나타나엘에게 "너희는 하늘이 열리고 하느님의 천사들이 사람의 아들 위에서 오르내리는 것을 보게 될 것이다."(1,51)라고 하신 말씀은, 최고 의회(산헤드린)에서 벌어지는 재판 중에 예수님께서 약속하신 종말의 광경(마태 26,64; 마르 14,62)이 이미 지금부터 시작되었음을 암시한다. 강생을 통하여 예수님께서 이 세상에 현존하심에 따라, "하늘이 열리고"(이사 63,19; 마르 1,10; 루카 2,9-13), 야곱의 꿈이 예고한(창세 28,17) 하느님과의 통교(通交)가 믿는 이들에게는 항구적인 현실이 되는 것이다. 그러므로 예수님께서 제자들에게 "앞으로 그보다 더 큰 일을 보게 될 것이다."(1,50)라고 하시는 말씀은, 당신께서 앞으로 일으키실 표징들과 십자가 죽음과 거양을 통하여 절정에 이르겠지만, 사실 이미 성취되기 시작한 것이다.

이와 같이 머리글을 포함하여 요한복음 1장 전체에서는, "보라, 하느님의 어린양이시다."(1,29.36)라는 세례자 요한의 증언을 시작으로 하여, 그 증언을 듣고 예수님의 제자가 된 안드레아가 형 시몬 베드로에게 "우리는 메시아를 만났소."(1,41)라고 하는 증언, 그리고 필립보가 나타나엘을 만나서 "우리는 모세가 율법에 기록하고 예언자들도 기록한 분을 만났소."(1,45)라고 한 증언 등 예수님을 만난 제자들의 증언이 릴레이로 이어진다.

또한 니코데모와 이야기(3,1-21)를 나누시던 중에 예수님께서는 민수기 21장을 배경으로 하여, "하늘에서 내려온 이, 곧 사람의 아들 말고는 하늘로 올라간 이가 없다. 모세가 광야에서 뱀을 들어 올린 것처럼, 사람의 아들도 들어 올려져야 한다. 믿는 사람은 누구나 사람의 아들 안에서 영원한 생명을 얻게 하려는 것이다."(3,13-15) 하고 말씀하신다. 사실 고대 근동지방에서 '뱀'은 치유와 지혜의 상징으로 받아들여지는 동물이었다. 하지만 성경에서는 주로 '악함'의 상징으로 사용되기 때문에(창세 3장 참조), '뱀처럼 사람의 아들도 들어 올려져야 한다'라는 말씀에서 '뱀'이라는 '악함'의 상징과 '십자가'라는 예수님 구원의 표상을 연결시켜 생각하기가 쉽지는 않다. 그러나 이미 민수기 설화에서 이 '구리 뱀'은 사실적 관계에서 '치유'의 의미를 갖고 있었다(민수 21,4-9; 지혜 16,6-10 참조). 즉 광야에서 하느님께 불순종하여 뱀에 물린 자들을 위하여 모세가 만들어 기둥 위에 달아 놓은 '구리 뱀'을 뱀에 물린 자들이 믿음을 가지고 바라보면 병이 나았다. 이제 예수님께서는 뱀의 '치유'라는 상징적 의미를, 십자가의 '구원'이라는 신학적 의미로 전이(轉移)시키신다. 예수님께서는 십자가를 통하여 다만 죽은 육신을 치료하시는 것에 그치는 것이 아니라 영혼, 곧 죽은 육신을 '구원'으로 이끄신다. '치유'는 메시아적 구원을 표현하는 개념 가운데 하나이기도 하다(이사 57,18; 예레 33,6). 그런데 베드로의 첫째 서간은, 그리스도인들이 구원을 받아 다시 태어나는 것은 무엇보다 새 세상의 기초이신 그리스도의 부활과 직결된다는 점을 강조하면서 "하느님께서는 당신의 크신 자비로 우리를 새로 태어나게 하시어, 죽은 이들 가운데에서 다시 살아나신 예수 그리스도의 부활로 우리에게 생생한 희망을 주셨습니다."(1베드 1,3) 하고 희망에 대한 감사를 전한다.

이와 같이 예수님께서는 당신 자신을 스스로 '사람의 아들'로 지칭하시면서, '사람의 아들'이 십자가에 '뱀'처럼 들어 올려져야 한다고 말씀하시는데, 이 말씀을 통하여 '십자가의 죽음', 곧 당신에게 주어진 십자가의 희생 제사를 기꺼이 봉헌하시겠다는 의지도 표현하시는 것이다. "너희는 사람의 아들을 들어 올린 뒤에야 내가 나임을 깨달을 뿐만 아니라, 내가 스스로는 아무것도 하지 않고 아버지께서 가르쳐 주신 대로만 말한다는 것을 깨달을 것이다."(8,28) 십자가에 못 박혀 들어 올려지실 때, 동시에 아버지의 영광 속으로도 들어 올려지신다는 사실이 드러난다(3,14-15; 12,32.34). 그리고 그분이 신적인 존재라는 사실이, 그분의 말씀이 진실하시다는 점과 함께 모든 사람에게 명백해진다(7,39 참조). 아울러 당신이 십자가 위로 '들어 올려지실' 것이라는 말씀을 통하여 예수님께서는, 십자가가 그분이 영광 속으로 높이 들리시는 장소와 그 상징이 되고, 십자가에 달리신 그 순간이 바로 당신의 영광이 결정적으로 드러나는 순간이며, 하늘에서 내려오신 분이 다시 하늘로 올라가시는 순간이 된다(8,28-30; 12,32-34; 18,32 참조)는 점을 강조하신다. 요한은 이렇게 여러 가지 의미로 이해할 수 있는 표현들을 즐겨 사용하였다.

또한 요한복음의 '생명의 빵'(6,22-59) 단락에서, 예수님의 기적으로 빵을 풍족하게 먹은 사람들이 다시 배를 나누어 타고 예수님을 찾아 카파르나움으로 가서 호수 건너편에서 그분을 찾아내고 "라삐, 언제 이곳에 오셨습니까?" 하고 물었다. 군중은 예수님의 권능을 사실로 인정하지만 그 사실의 참의미는 깨닫지 못한 채, 예수님의 권능으로 얻을 수 있는 이익 때문에 예수님에게 관심을 가지게 되었다. 예수님께서는 "내가 진실로 진실로 너희에게 말한다. 너희가 나를 찾는 것은 표징을 보았기 때문이 아니라 빵을 배불리 먹었기 때문이다. 너희는 썩어 없어질 양식을 얻으려고 힘쓰지 말고, 길이 남아 영원한 생명을 누리게 하는 양식을 얻으려고 힘써라. 그 양식은 사람의 아들이 너희에게 줄 것이다. 하느님 아버지께서 사람의 아들을 인정하셨기 때문이다."(6,27) 하고 대답하셨다.

여기서 하늘에서 오신 분인 '사람의 아들'이 행하시는 표징은, 하느님께서 그분 활동의 정통성을 보장해 주시는 것이며(3,33) 또 사람들이 사람의 아들을 통하여 영원한 생명을 얻을 수 있다는 가능성을 보여주는 것이기도 하다. 그러므로 군중은 빵을 먹는 것만으로 만족해서는 안 되고, 빵을 많게 하신 분을 보고 열광만 해서도 안 되며, 그 표징에 담긴 의미, 곧 당신이 사람들을 먹이시고 또 살리시는 분임을 믿어야 한다는 말씀이다. 그들이 "하느님의 일을 하려면 저희가 무엇을 해야 합니까?"(6,28) 하고 묻자, 예수님께서 "하느님의 일은 그분께서 보내신 이를 너희가 믿는 것이다."(6,29)하고 대답하셨는데, '하느님을 위하여 일하는' 유일한 길은, 그분께서 보내신 분을 믿음으로써 그분의 일에 협조하는 것이다.

제자들에게 새 계명을 주시는 단락에서(13,31-35) 예수님께서는 유다 이스카리옷이 나간 뒤에 사랑하는 제자들에게 "이제 사람의 아들이 영광스럽게 되었고, 또 사람의 아들을 통하여 하느님께서도 영광스럽게 되셨다. 하느님께서 사람의 아들을 통하여 영광스럽게 되셨으면, 하느님께서도 몸소 사람의 아들을 영광스럽게 하실 것이다. 이제 곧 그를 영광스럽게 하실 것이다."(13,31-32)라고 하시며 사랑의 새 계명에 관한 말씀을 시작하신다. 당신 생명을 내놓으심으로써 예수님께서는 성부와 일치를 이루시고, 또 완전한 순명으로 당신의 신성(神性)을 드러내시며, 성부께서 당신께 맡기신 일을 끝까지 완수하시는데, 이로써 예수님께서는 성부를 계시하시고 또 그분을 영광스럽게 하신다는 점을 강조하신다. 이와 같이 예수님께서는 죽음에 이르기까지 겸손하게 봉사하시는 완전한 순명으로 성부를 영광스럽게 하시고 성부께서는 이러한 예수님과 결합하시어, 곧 예수님을 당신의 영원한 영광에 동참시키시어 그분을 들어 높이시는 것으로 화답하시는 것이다(12,23.28; 14,13; 15,8; 17,1-5.22.24 참조).

이와 같이 신약성경의 '사람의 아들' 칭호는, 구약의 묵시문학 전통과 깊이 관련되어 있다. 그런데 유다교의 묵시문학에서는 사람의 아들이 영광스럽기만 한 존재이지만, 앞에서 살펴보았듯이 신약성경에서 이 칭호가 예수님께 사용될 때에는, 역설적으로 그분의 십자가를 통한 영광과 연결되어 나타난다. 베드로가 예수님께 "스승님은 살아 계신 하느님의 아드님 그리스도이십니다."(마태 16,16) 하고 메시아로 고백한 순간을 기점으로, 공관복음서는 모두 고난과 영광을 받으시러 예루살렘으로 올라가시는 '사람의 아들'의 운명, 곧 예수님의 수난과 부활을 세 번에 걸쳐 예고한다(마태 16,21-23/마르 8,31-33_루카 9,22; 17,22-23/마르 9,30-32_루카 9,34ㄴ-45; 20,17-19/마르 10,32-34_루카 18,31-34). 영광스러운 사람의 아들이 죽음과 부활을 거치셔야만 한다는 이 예고는 제자들에게 큰 충격이었음에 틀림이 없다.

다윗의 후손 메시아_그리스도(1,41)

티모테오에게 보낸 서간에서 바오로 사도는 "예수 그리스도를 기억하십시오. 그분께서는 다윗의 후손으로, 죽은 이들 가운데에서 되살아나셨습니다. 이것이 나의 복음입니다."(2티모 2,8) 하고 선언하면서 그리스도의 군사로서 최선을 다해 훌륭하게 싸울 것을 권고한다. 로마 신자들에게 보낸 서간에서도 "이 복음은 하느님께서 당신의 예언자들을 통하여 미리 성경에 약속해 놓으신 것으로, 당신 아드님에 관한 말씀입니다. 그분께서는 육으로는 다윗의 후손으로 태어나셨고, 거룩한 영으로는 죽은 이들 가운데에서 부활하시어, 힘을 지니신 하느님의 아드님으로 확인되신 우리 주 예수 그리스도이십니다."(로마 1,2-4) 하고 천명하며 예수님께서 다윗의 후손이심을 밝힌다. 이 두 가지 내용은 모두 유다계 그리스도인들에게서 유래하는 신앙 고백을 토대로 하고 있다는 특징을 지닌다.

우선 '다윗의 자손'이라는 호칭은 구약성경에서는 물론 신약성경에서도 일반 대중이 메시아를 일컫는 칭호이다. 마태오는 눈먼 두 사람을 고쳐주신 일화(9,27-31)에서 그들이 예수님을 따라오며 "'다윗의 자손이시여, 저희에게 자비를 베풀어 주십시오.' 하고 외쳤다"(9,27)라고 전하면서 이 칭호를 처음으로 예수님께 적용한다(마태 15,22; 20,30-31; 21,9.15).

공관복음은 예수님께서 예리코에서 눈먼 이를 고치신 기적(마태 20,29-34; 마르 10,46-52; 루카 18,35-43)을 모두 전하는데, 마르코복음의 예를 들면, 눈먼 이가 '나자렛 사람 예수님'이라고 말하는 소리를 듣고, '다윗의 자손 예수님, 저에게 자비를 베풀어 주십시오.' 하고 외치기 시작하였다. 그래서 많은 이가 그를 저지하며 잠자코 있으라고 꾸짖었지만, 그는 더욱 큰 소리로 "다윗의 자손이시여, 저에게 자비를 베풀어 주십시오.' 하고 외쳤다."(마르 10,47-48; 11,10) 이 증언에 따르

"이튿날, 축제를 지내러 온 많은 군중이
예수님께서 예루살렘에 오신다는 말을 듣고서,
종려나무 가지를 들고 그분을 맞으러 나가 이렇게 외쳤다.
'호산나! 주님의 이름으로 오시는 분은 복되시어라.'
이스라엘의 임금님은 복되시어라."(12,12-13)

면, 예수님께서는 당시 일부 사람들에게 '다윗의 자손'으로 인정을 받
으신 것 같다. 사도들의 설교(사도 2,29-32; 13,22-23)에서, 그리고 매우
오래된 신앙 고백에서도 그분은 '다윗의 자손'으로 선포되신다(로마
1,3-4). 앞에서 살펴보았듯이, 마태오복음서의 족보(마태 1,1-17)와 루카
복음서의 족보(루카 3,23-38)도 예수님께서 다윗의 자손이심을 보여 주
는데, 이것은 예수님의 메시아적 정당성의 바탕이 된다.

예수님의 세례 장면을 전하는 단락에서 루카는 "온 백성이 세례를 받은 뒤에 예수님께서도 세례를 받으시고 기도를 하시는데, 하늘이 열리며 성령께서 비둘기 같은 형체로 그분 위에 내리시고, 하늘에서 소리가 들려왔다. '너는 내가 사랑하는 아들, 내 마음에 드는 아들이다.'"(루카 2,21-22) 하고 전하며 예수님의 신원에 관한 계시를 전달한다. 이 신비로운 계시에 따르면 예수님은 성령께서 그 위에 머무르시는 예언자(루카 4,18), 하느님의 '아드님', 그리고 구약성경에 예고된 메시아시다.

"온 백성이 세례를 받은 뒤에 예수님께서도 세례를 받으시고 기도를 하시는데,
하늘이 열리며 성령께서 비둘기 같은 형체로 그분 위에 내리시고,
하늘에서 소리가 들려왔다.
'너는 내가 사랑하는 아들, 내 마음에 드는 아들이다.'"(루카 2,21-22)

마르코복음에서는 예수님께서 제자들과 함께 카이사리아 필리피 근처 마을을 향하여 길을 떠나시다가 길에서 제자들에게, "사람들이 나를 누구라고 하느냐?" 하고 물으셨다. 제자들은 "세례자 요한이라고 합니다. 그러나 어떤 이들은 엘리야라 하고, 또 어떤 이들은 예언자 가운데 한 분이라고 합니다."(8,28) 하고 대답하였는데, 예수님께서 다시 "그러면 너희는 나를 누구라고 하느냐?" 하고 물으셨다. 베드로가 "스승님은 그리스도이십니다." 하고 대답하였다(8,29). 여기서 베드로가 '그리스도'라고 한 이 고백은, 세례자 요한을 포함한 예언자들이 선포하고 준비해 온 메시아, 곧 '구세주'를 가리킨다. 이 그리스도라는 칭호는 마르코가 복음서를 편집할 때, 교회가 예수님에 대하여 고백한 믿음의 내용이었다(1,1).

그런데 구약성경에서 '다윗의 후손 메시아'에 관한 대표적인 예언은 다윗 왕조에 대한 나탄의 신탁(2사무 7,12-17)과 시편은 물론, 예레미야 예언서 등에서도 여러 차례 발견된다. "나는 내가 뽑은 이와 계약을 맺고 나의 종 다윗에게 맹세하였노라. '영원토록 네 후손을 굳건히 하고 대대로 이어질 네 왕좌를 세우노라.' 셀라"(시편 89,4-5), "보라, 그날이 온다! 주님의 말씀이다. 내가 다윗을 위하여 의로운 싹을 돋아나게 하리라. 그 싹은 임금이 되어 다스리고 슬기롭게 일을 처리하며 세상에 공정과 정의를 이루리라."(예레 23,5)

시편에 따르면 하느님께서 "너는 내 아들. 내가 오늘 너를 낳았노라."(시편 2,7) 하고 선언하시며 이스라엘의 임금을 당신 양자로 삼으시면, 임금은 "당신은 저의 아버지 저의 하느님, 제 구원의 바위이십니다."(89,27) 하고 화답한다. 다윗 왕조와 관련된 신탁에서 주님께서는

'나탄의 예언'(2사무 7,1-17)을 통하여 다윗에게 그의 후손 가운데 하나를 일으켜 세우고 "나는 그의 아버지가 되고 그는 나의 아들이 될 것이다."(14절) 하고 말씀하시며 그를 당신 양아들로 삼으시겠다고 약속하시는데, 이것이 예수님을 메시아로 고백하는 신약성경의 메시아 사상으로 이어진다. 구약성경의 배경에서 루카는 세례를 받으시는 순간을 "성령께서 비둘기 같은 형체로 그분 위에 내리시고, 하늘에서 소리가 들려왔다. '너는 내가 사랑하는 아들, 내 마음에 드는 아들이다.'"(루카 3,22) 하고 전하면서 예수님께서 하느님의 아드님이심을 강조한다. 사도행전도 "하느님께서는 예수님을 다시 살리시어 그들의 후손인 우리에게 실현시켜 주셨습니다. 이는 시편 제이편에 기록된 그대로입니다. '너는 내 아들. 내가 오늘 너를 낳았노라.'"(사도 13,33) 하고 시편의 말씀을 인용하면서 예수님께서 죽음과 부활을 통하여 메시아가 되셨음을 선포한다.

미카 예언서는 암울한 상황을 살아가면서 어두운 전망에 머물러 있는 이스라엘에게 희망의 메시지를 전하는데, 그 가운데 '베들레헴 출신 메시아'에 관한 신탁이 여기에 해당한다. 미카서에 따르면, 하느님께서는 이미 에프라타의 보잘것없는 씨족에게서 일어날 새로운 부흥을 준비하시는데(5,1-5), 바로 거기에서 다윗의 후손 메시아 임금이 태어나리라는 것이다. 흩어진 지파들의 재결합은, 땅 끝까지 퍼져 나갈 위대한 평화의 시작을 알리고 이제 예루살렘은 온 세상의 중심지가 되어, 민족들이 주님을 만나 뵙고 그분의 말씀을 들으려고 예루살렘으로 달려올 것이다(미카 4,1-5). 메시아 시대가 도래하면 인간의 잘못된 안전 의식, 허위에 찬 경신례, 우상 숭배가 모조리 없어질 것이고 이스라엘은 전적으로 주님만 의지하고, 하느님의 주도 아래 주어지는 구원만 기다릴 것이다. 특히 유다교-그리스도교 전통은 "그러나 너 에프라타의 베들레헴아 너는 유다 부족들 가운데에서 보잘것없지만 나를 위하여 이스라엘을 다스릴 이가 너에게서 나오리라. 그의 뿌리는 옛날로, 아득한 시절로 거슬러 올라간다."(미카 5,1)라는 이 신탁을, 계속해서 이스라엘을 다스릴 미래 인물의 도래를 예고하는 메시아 예언으로 보는데, 이 인물의 기원은 유다의 왕조이다. 베들레헴에서 태어나 메시아 시대의 양 떼를 치는 목자이기 때문에, 이 메시아는 새로운 다윗처럼 보인다(1사무 16; 2사무 5,2; 7,8). 마태오복음서는 미카 예언서의 이 약속이 예수님의 탄생으로 성취되었다고 보면서 다음과 같이 전한다. "유다 땅 베들레헴아, 너는 유다의 주요 고을 가운데 결코 가장 작은 고을이 아니다. 너에게서 통치자가 나와 내 백성 이스라엘을 보살피리라."(마태 2,6)

예수님의 탄생을 예고하는 단락(루카 1,26-38)에서 루카는, "두려워하지 마라, 마리아야. 너는 하느님의 총애를 받았다. 보라, 이제 네가 잉태하여 아들을 낳을 터이니 그 이름을 예수라 하여라. 그분께서는 큰 인물이 되시고 지극히 높으신 분의 아드님이라 불리실 것이다. 주 하느님께서 그분의 조상 다윗의 왕좌를 그분께 주시어, 그분께서 야곱집안을 영원히 다스리시리니 그분의 나라는 끝이 없을 것이다." 하고 전하는데, 그는 예수님께서 세례자 요한과 달리(1,15) 절대적으로 '큰 인물' 그 자체가 되신다는 점을 강조한다. 다음 문장에서 드러나듯이, 여기에서 하느님의 '아드님'은 다윗의 자손 임금의 전통적 칭호인 '메시아'를 지칭한다(2사무 7,14; 시편 2,7; 89,27).

또한 사도행전에서 루카는 그리스도인들을 박해하다가 개종한 사울이 며칠 동안 다마스쿠스에 있는 제자들과 함께 지낸 뒤, 곧바로 여러 회당에서 예수님께서 하느님의 아드님이시라고 선포하는 장면을 전한다. 그 말을 들은 자들은 모두 놀라며, "저 사람은 예루살렘에서 예수의 이름을 받들어 부르는 자들을 짓밟은 자가 아닌가? 또 바로 그런 자들을 결박하여 수석 사제들에게 끌어가려고 여기에 온 것이 아닌가?" 하고 말하였다. "그러나 사울은 더욱 힘차게 예수님께서 메시아이심을 증명하여, 다마스쿠스에 사는 유다인들을 당혹하게 만들었다."(사도 9,22) 이 말씀에서처럼, 사도행전은 사람의 아들로 태어나시어 종말론적 예언자, 곧 성령의 도유로 메시아(기름부음받은이 = 그리스도)가 되신 예수님의 이 칭호를, '하느님의 아드님'이라는 칭호와 병행하여 자주 사용한다(1테살 1,10; 갈라 1,16; 2,20). '하느님의 아드님'이라는 칭호가 메시아와 병행으로 쓰인다는 사실은, 이 칭호가 지니는 메시아적인 의미를 강조하는 것이다(루카 1,32; 1,35).

그런데 예수님의 탄생을 예고하는 단락(루카 1,26-38)에서 가브리엘 천사는 마리아에게 태어날 아기에 대해 "그분께서는 큰 인물이 되시고 지극히 높으신 분의 아드님이라 불리실 것이다. 주 하느님께서 그분의 조상 다윗의 왕좌를 그분께 주시어, 그분께서 야곱 집안을 영원히 다스리시리니 그분의 나라는 끝이 없을 것이다."(1,32-33) 하고 전한다. 여기서는 메시아가 '야곱 집안', 곧 이스라엘을 구원한다는 민족적 메시아 사상이 돋보인다. 하지만 "주님, 이제야 말씀하신 대로 당신 종을 평화로이 떠나게 해 주셨습니다. 제 눈이 당신의 구원을 본 것입니다. 이는 당신께서 모든 민족들 앞에서 마련하신 것으로 다른 민족들에게

는 계시의 빛이며 당신 백성 이스라엘에게는 영광입니다."(2,29-32)에서
는 구원이 다른 민족들에게도 전해지는 보편주의적 메시아 사상으로
확대된다.

또한 루카복음은 예수님의 탄생을 알리는 부분에서 천사가 목자들
에게 "두려워하지 마라. 보라, 나는 온 백성에게 큰 기쁨이 될 소식을
너희에게 전한다. 오늘 너희를 위하여 다윗 고을에서 구원자가 태어
나셨으니, 주 그리스도이시다."(2,10-11) 하고 전하는데, 여기서 사용된
'주 그리스도'라는 칭호는 루카복음에만 나타난다. 루카는 이로써 예
수님께서 그리스도, 곧 메시아이심을 선포하는 동시에 그분께서 지니
신 왕권의 신적 성격을 부각시킨다.[2]

그런데 이스라엘이 역사적으로 모든 것을 잃은 시기인 기원후 1세
기, 그리스도교 시대가 시작될 무렵에 특정 유다인들은, 역사적인 인
간 메시아가 선택된 민족 이스라엘을 언젠가 복구하리라는 희망을 포
기하고, 오직 하느님만이 자신들의 비참한 상황을 바꿀 수 있는 분이
라고 믿고 있었다. 뿐만 아니라 하느님의 권능에 의해 온 우주가 뒤집
어지고 완전히 새로운 세상이 시작되어야만, 자기들이 그토록 고대하
던 전환이 실현되리라는 종말론적 희망을 품게 되었다.

그래서 예수님의 탄생 전후 구약성경 묵시문학에서는 더 이상 예전
처럼 지상적 메시아, 주님의 '기름부음받은이'[3]를 기다리지 않는다. 곧

---

2. 반면 바오로 사도는 '주 예수 그리스도', '우리 주 예수 그리스도'라는 칭호를 가끔 사용한
   다.
3. '기름부음받은이(메시아=그리스도)'는 그리스말 구약성경에서 메시아를 가리키는 전통
   적 칭호이다(1사무 24,7.11; 26,9.11.16.23; 2사무 1,14.16 등). 아람말을 그리스말과 라틴

하느님의 도움으로 정치적이고 군사적인 직무를 맡아 민족의 해방과 번영을 보장하는 다윗 가문 출신 임금이라는 존재를 염두에 두지 않는 것으로 보인다. 이제 메시아-임금(시편 45,7-8)은 인간보다는 점점 하느님과 결부된 초자연적 존재로 그려지는 경향을 띠게 된다. 다니엘 예언서를 비롯한 일부 묵시문학에서 메시아가 '사람의 아들(인자)'이라는 이름을 지니지만, 그는 근본적으로 인간과 아무런 접촉이 없고 고통을 받을 리도 없는 천상적 존재로 나타난다.

예수님의 첫 제자들을 소개하는 단락에서(1,35-42) 요한복음은, 예수님을 따라간 두 사람 가운데 하나인 시몬 베드로의 동생 안드레아가 자기 형 시몬을 만나, "우리는 메시아를 만났소." 하고 말한 사실을 전한다. 그는 친절하게 "'메시아'는 번역하면 '그리스도'이다."라는 설명까지 덧붙인다. 그리스도는 '기름부음받은이'를 뜻하는 메시아를 그리스말로 번역한 것인데, 예수님과 사마리아 여인의 담화에서 그 여자가 예수님께, "저는 그리스도라고도 하는 메시아께서 오신다는 것을 압니다. 그분께서 오시면 우리에게 모든 것을 알려 주시겠지요."(4,25) 하고 말한 내용을 참조할 때, 유다교 전통에서는 이 칭호가 종말에 올 것

말을 거쳐 우리말로 음역한 '메시아'는, 칠십인역에서 (하느님의) '기름부음받은이'를 뜻하는 '그리스도'로 번역되는데, 히브리말로는 '마쉬아흐'이다. 당시 유다인들은 이 단어에 민족적이고 정치적인 의미를 담아 자기들이 기다려온 메시아를 지칭할 때 (아람말로) 사용하였다(루카 22,67; 23,2.35.39와 20,41에서도 마찬가지다); 참고로 쿰란 제4동굴에서 발견된 「전쟁의 책」(4Q285) 본문에서 "쿰란-에세네파 공동체는 이스라엘의 해방과 이상적인 하느님 백성의 승리라는 예언과 약속이 실현되기를 기다렸다. 이사 10,34-11,1을 인용하는 4Q285에서 '다윗의 자손'과 '회중의 우두머리'는 정치적인 메시아를 가리킨다. 종말론적 대사제로서의 메시아와 함께 나타날 정치적 메시아는 마지막 날에 적들인 키팀과의 종말 전쟁에서 승리하여 이스라엘을 구원할 임금으로서의 메시아다." 송창현, 「전쟁 두루마리 톺아보기」, 《경향잡지》 2022년 11월호(한국천주교주교회의), 81쪽.

으로 사람들이 고대하던 새로운 다윗을 가리킨다.

그러나 초막절 축제 때 예수님의 신원과 관련하여 '저분이 그리스도이신가?' 하는 문제로 유다인들이 주고받은 대화(7,25-31)에서는 "그러나 메시아께서 오실 때에는 그분이 어디에서 오시는지 아무도 알지 못할 터인데, 우리는 저 사람이 어디에서 왔는지 알고 있지 않습니까?"(7,27)라는 말이 나온다. 이 대화를 보면 기원후 1세기에 유다인들과 그리스도인들 사이에 지속된 논쟁이 반영되어 있음을 알게 된다. 이 표현에는 하나의 역설이 들어 있기도 하다. 예를 들면 '생명의 빵' 담화(6,22-59)에서 예수님께서 "나는 하늘에서 내려온 빵이다."(6,41) 하고 말씀하시자, 유다인들은 "저 사람은 요셉의 아들 예수가 아닌가? 그의 아버지와 어머니도 우리가 알고 있지 않는가? 그런데 저 사람이 어떻게 '나는 하늘에서 내려왔다.'고 말할 수 있는가?"(6,42) 하고 수군거리며 인간적 측면에서 그분의 신원을 말한다. 곧 '나자렛 사람'으로 알려진 예수 그리스도는 사람이시기에 그들도 그분의 출신을 알고 있었다. 그러나 그들은 '하느님의 아드님'이라는 그리스도의 신적 신원은 알지 못하였던 것이다.

아울러 요한복음은 어떤 이들은 "저분은 메시아시다." 하고 주장하고, 어떤 이들은 "메시아가 갈릴래아에서 나올 리가 없지 않은가? 성경에 메시아는 다윗의 후손 가운데에서, 그리고 다윗이 살았던 베들레헴에서 나온다고 하지 않았는가?"(7,42) 하고 말하는 것을 전하며 예수님의 신원과 관련하여 서로 다른 주장과 생각이 있었다는 사실을 알려준다.

심지어 유다 당국자들은 예루살렘에서 성전 봉헌 축제가 벌어지던 때, 성전 안에 있는 솔로몬 주랑을 거니시던 예수님을 둘러싸고 "당신은 언제까지 우리 속을 태울 작정이오? 당신이 메시아라면 분명히 말해 주시오."(10,24) 하고 이전보다(2,18; 5,16; 8,25) 훨씬 단호하게 다그쳐 묻기도 한다. 예수님께서 수행하시는 사명이 메시아적인 성격을 지니는지를 분명하고 공공연하게 밝히라고 요구하는 것이다. 여기서 또 다시 요한복음서의 역설을 보게 되는데, 사실 당국자들이 요구하는 바는 예수님께서 활동을 시작하신 이래 끊임없이 되풀이하여 밝혀 오신 것이기 때문에, 이 질문은 예수님의 말씀을 받아들일 의지가 전혀 없다는 사실을 스스로 인정하는 것일 뿐이다. 공관복음에서도 유다의 최고 의회에서 벌어진 재판 중에 이와 유사한 사건이 있었다(마태 26,63; 마르 14,61; 루카 22,67). 그러나 요한복음은 예수님의 신원과 관련된 이러한 소송과 재판이 예수님의 생애 전체에 걸쳐 진행되었다고 말하는 것으로 보인다. 그래서 이제 예수님께서 하느님을 모욕하셨다는 단죄의 목소리가 점점 울려 퍼지고, 그분을 죽이려는 지도자들의 뜻도 점점 분명해진다.

루카복음 수난사화에서는 최고 의회(산헤드린)에서 수석 사제들과 율법 학자들이 예수님을 심문할 때 주고받은 내용을 다음과 같이 전한다. "'당신이 메시아라면 그렇다고 우리에게 말하시오.' 하였다. 그러자 예수님께서 그들에게 말씀하셨다. '내가 그렇다고 말하여도 너희는 믿지 않을 것이고, 내가 물어보아도 너희는 대답하지 않을 것이다. 이제부터 '사람의 아들은 전능하신 하느님의 오른쪽에 앉을' 것이다.' 그러자 모두 '그렇다면 당신이 하느님의 아들이라는 말이오?' 하고 물었다. 예수님께서 '내가 그러하다고 너희가 말하고 있다.'"(루카 22,67-70)

여기서 예수님의 '사람의 아들'이라는 칭호가 '그리스도-메시아'는 물론이고 '하느님의 아들'이라는 칭호와 동등하게 나온다(마태 26,63; 마르 14,61 참조). 사실 유다인들이 쓰고 있던 메시아 칭호들은 예수님의 사명과 신원을 정의하기에는 불충분하고 그 의미가 모호했다. 공관복음은 초대 교회 신앙의 발전과 더불어, 부활 계시에 비추어 예수님의 지상 생활을 재해석하면서 각기 고유한 방식으로 예수님께서 메시아일 뿐 아니라, 하늘에 계신 아버지와 유일하고 유례없는 관계를 지니신 하느님의 아드님이심을 선언한다. 요한복음에서는 예수님께서 유다인들과의 논쟁 가운데 솔직히 당신을 '하느님의 아들'이라고 밝히신다. 즉 "아버지께서 거룩하게 하시어 이 세상에 보내신 내가 '나는 하느님의 아들이다.' 하였다 해서, '당신은 하느님을 모독하고 있소.' 하고 말할 수 있느냐?"(10,36) 하고 말씀하신다. 구약성경에서부터 자주 쓰여 온 이 칭호가 이제부터는 당신의 행동, 그리고 성부와의 일치를 드러내는 표현에 따라(요한 8,30.38) 새로운 의미를 지니게 된다는 것이다.

요한복음은 전해 내려오는 성경의 큰 전승에 따라 어떤 신학 체계를 구축하려는 것이 아니라 구원을 가져다주는 사건들을 설명하고자 했다는 특징을 지니고 있다. 그래서 복음의 모든 관심이 오로지 그리스도께만 집중되어 신자들이 그리스도를 알고 그분과 통교를 이루는 것이야말로, 하느님 아버지를 알아 모시며 영원한 생명에 이르는 조건임을 제시하려고 하였다.

바오로 사도가 전하는 계시 내용도 같은 선상에 있는데, 바오로 서간은 우리 믿음의 본래 대상은 그리스도의 신비, 곧 하느님께서 그리스도를 죽은 이들 가운데에서 부활시키시고, 모든 인간의 유일한 주님이시며 구원자로 삼으셨으며(로마 4,24; 10,9; 1코린 12,3; 15,1-11; 필리 2,8-11), 이 예수 그리스도를 통하지 않고서는 구원을 받을 수 없다는 점을 강조한다(로마 3,23-26; 1코린 1,30-31; 갈라 2,16; 에페 1,3-11).

마르코복음에서 제자들이 예수님을 부를 때 주로 사용한 호칭은 '스승님'이었다. 마리아 막달레나는 부활하신 예수님을 스승님에 해당하는 아람말 '라뿌니'라는 호칭으로 불렀다. 예수님께서 거룩하게 변모

"예수님께서 '마리아야!' 하고 부르셨다.
마리아는 돌아서서 히브리말로 '라뿌니!' 하고 불렀다.
이는 '스승님!'이라는 뜻이다."(20,16)

하신 일화를 전하는 단락(마르 9,1-10; 마태 17,1-9; 루카 9,28-36)에서 베드로가 예수님께 "스승님, 저희가 여기에서 지내면 좋겠습니다. 저희가 초막 셋을 지어 하나는 스승님께, 하나는 모세께, 또 하나는 엘리야께 드리겠습니다."(마르 9,5) 하고 말씀드렸는데, 여기서 사용된 '스승님'은 스승에 해당하는 그리스말($\delta\iota\delta\acute{a}\sigma\kappa\alpha\lambda\epsilon$, 디다스칼레)을 아람말로 그대로 음역한 '라삐'이다.[1] 이 존칭은 주로 율법 학자를 부를 때 사용되다가 조금 확대되어 쓰이기도 했지만, 1세기 말엽부터는 호칭의 가치를 상실하고 율법 학자만을 가리키는 칭호가 되었다.

첫 제자들을 부르시는 단락(요한 1,35-42)에서 요한복음은 예수님께서 당신을 따라오는 제자들을 보시고 "무엇을 찾느냐?" 하고 물으시자, 그들이 "라삐, 어디에 묵고 계십니까?" 하고 말하였다고 전한다. 그리고는 "'라삐'는 번역하면 '스승님'이라는 말이다."(요한 1,38) 하고 친절하게 덧붙인다.

예수님께서 고기잡이 기적 후 시몬을 비롯한 어부들을 부르시는 단락(루카 5,1-11)에서 루카는, "깊은 데로 저어 나가서 그물을 내려 고기를 잡아라."(4절)라는 예수님의 명령에 대하여 시몬이 "스승님, 저희가 밤새도록 애썼지만 한 마리도 잡지 못하였습니다. 그러나 스승님의 말씀대로 제가 그물을 내리겠습니다."(5절) 하고 말씀드린 내용을 전한다. 여기서 '스승'에 해당하는 그리스말은 마르코가 사용한 '디다스칼레'가 아니라 '$\grave{\epsilon}\pi\iota\sigma\tau\acute{a}\tau\eta\varsigma$, 에피스타테스'이다. 이 단어는 루카복

---

1. 마르코복음에서는 '선생, 스승'을 뜻하는 그리스말 '$\delta\iota\delta\acute{a}\sigma\kappa\alpha\lambda\epsilon$, 디다스칼레' 호칭이 여러 차례 예수님께 적용된다(11,21; 14,44-45; 10,51).

음서에만 나오는데, 나병환자 열 사람을 고쳐주신 일화에서 환자들이 예수님을 향해 외친 "예수님, 스승님! 저희에게 자비를 베풀어 주십시오."(17,13) 외에는 제자들이 예수님을 부르는 호칭으로만 쓰인다 (8,24.45; 9,33.49). 이 호칭은 '스승(님)' 또는 '선생(님)'이라는 뜻으로 널리 쓰이는 'διδάσκαλος, 디다스칼로스(διδάσκαλε, 디다스칼레)'보다 전체적으로 공경심이 더 담긴 친숙한 관계를 강조하는 것으로 여겨진다. 그러나 적어도 고기잡이 기적을 전하는 이 단락에서는 예수님의 명령이 지니는 권능을 부각시킨다고 해설하기도 한다. 여하튼 아람말 '라뿌니'는 '라삐'처럼 존경과 함께 큰 애정을 드러내는 칭호인데, 마태오복음과 루카복음은 이 칭호 대신에 '주님'이라는 칭호를 사용한다. 그래서 루카는 밤새도록 그물질을 하면서 애썼지만 한 마리도 잡지 못한 제자들이, 예수님의 말씀대로 깊은 데로 저어가 그물을 내리자 그물이 찢어질 만큼 매우 많은 물고기를 잡게 되었다고 전하면서 예수님께 '주님'이라는 칭호를 사용하였음을 전한다. 곧 이 기적에서 예수님의 말씀의 권능을 보고 체험한 시몬 베드로가, 자기는 그분과 함께 있기에 합당하지 않다는 의미에서 예수님의 무릎 앞에 엎드려 "주님, 저에게서 떠나 주십시오. 저는 죄 많은 사람입니다."(5,8) 하고 고백하였는데, 여기서 베드로는 예수님께서 하느님만이 하실 수 있는 신적인 권능을 지니신 분이라는 뜻에서 '주님'이라는 칭호를 사용한 것이다.

요한복음에서 예수님을 '라삐' 또는 '라뿌니'로 부르는 호칭은 예수님께서 첫 제자들을 부르시는 단락 이외에 마리아 막달레나에게 나타나신 단락(20,11-18)에서도 나타난다. 첫째 경우처럼 여기서도 "예수님께서 '마리아야!' 하고 부르셨다. 마리아는 돌아서서 히브리말로 '라뿌니!' 하고 불렀다. 이는 '스승님!'이라는 뜻이다."라는 어휘 설명이 함께한다. 특기할 만한 것은, 발현하신 예수님과 마리아의 극적인 만남은 부활하신 '주님'의 자기계시로서, 예수님께서 이 만남을 주도하셨다는 점이다. 처음에 마리아는 자기 앞에 서 계신 예수님을 정원지기라고만 생각할 뿐 부활하신 그분을 알아보지 못한다. 그래서 "선생님, 선생님께서 그분을 옮겨 가셨으면 어디에 모셨는지 저에게 말씀해 주십시오. 제가 모셔 가겠습니다." 하고 다시 말한다(20,15). 그러나 예수님께서 "마리아야!" 하고 부르시자 마리아도 돌아서서 곧바로 "라뿌니!"라고 화답하면서 부활하신 그분을 '스승님', '주님'으로 고백한다. 이와 같이 예수님께서 당신 자신을 몸소 드러내어 보여주실 때만, 우리도 신앙의 눈이 열려 그분을 알아볼 수 있게 되는 것이다.

　앞에서 언급한 바와 같이 초기 그리스도인들의 메시아 사상이 묵시록적 사고(思考)에서 자료들을 이어받아 영향을 받은 것이 사실이지만, 메시아이신 예수님은 이사야 예언서의 고통당하는 주님의 종처럼, 수난과 십자가 죽음을 통하여 부활하시어 우리의 '주님'이 되셨다고 고백한다. 이처럼 예수님의 '주님'이라는 영예로운 칭호는, 십자가라는 굴욕과 겸손의 한가운데에서, 완전한 순종과 사랑으로 이루어진다. 루카복음 사가는 두 번째 책인 사도행전에서는 '주 예수님'이라는 표현을 자주 쓰지만(사도 1,21; 8,16; 11,20; 15,11 등), 루카복음에서는 오직 "그런데 그들이 보니 무덤에서 돌이 이미 굴려져 있었다. 그래서 안으로 들어가 보니 주 예수님의 시신이 없었다."(24,2-3)에서만 부활하신 예수님과 주님을 연결시켜 사용한다. 루카는 십자가에서 돌아가신 예수님께서 부활하심으로써, 새로운 신원인 '주님'이 되셨음을 드러내려고

한 것으로 보인다.

이 사실은 사도행전 '오순절 설교'(사도 2,14-36) 마지막 절에서 베드로가 "그러므로 이스라엘 온 집안은 분명히 알아 두십시오. 하느님께서는 여러분이 십자가에 못 박은 이 예수님을 주님과 메시아로 삼으셨습니다."(36절) 하고 선포한 말씀으로 뒷받침된다. 곧 하느님께서는 예수님을 다시 살리시고 하늘로 '들어 올리심으로써'(33절) 그분을 시편 110편에 나오는 '당신 오른쪽의 주님'으로 즉위시키시고, 시편 16편과 시편 132편이 노래하는 '메시아'(그리스도)로 등극시키셨다고 선포하는 것이다. 이렇게 예수님을 구약성경에서 예고된 메시아-임금(사도 5,42; 9,22; 17,3; 18,5.28), '메시아'(그리스도)라고 고백함으로써, 이제 사도들의 설교는 핵심과 절정에 도달한다. 물론 여기서 '주님'이라는 칭호도 메시아적인 뜻을 지닌다. "주님께서 내 주군께 하신 말씀. '내 오른쪽에 앉아라, 내가 너의 원수들을 네 발판으로 삼을 때까지.'"(시편 110,1)에 나오는 '내 주군' 역시 메시아-임금인 것이다. 그러나 여기서 '주군(주님)'은 그 이상의 의미를 지닌다. '과부의 외아들을 살리신 단락'(루카 7,11-17)에서처럼[2] 루카는 사도행전에서도 예수님을 '주님'이라고 부르는데, 이것은 하느님의 원이름 '야훼'를 그렇게 번역한 그리스말 구약성경 칠십인역을 따른 것이다. 또한 "사도들은 그 이름으로 말미암아 모욕을 당할 수 있는 자격을 인정받았다고 기뻐하며, 최고 의회 앞에서 물러나왔다."(사도 5,41)에서, '그 이름'은 유다인들이 하느님을 가리킬 때에

---

2. "주님께서는 그 과부를 보시고 가엾은 마음이 드시어 그에게, '울지 마라.' 하고 이르시고는, 앞으로 나아가 관에 손을 대시자 메고 가던 이들이 멈추어 섰다. 예수님께서 이르셨다. '젊은이야, 내가 너에게 말한다. 일어나라.'"(루카 7,13-14)

"지금도 계시고 전에도 계셨으며 또 앞으로 오실 분"(묵시 1,4)

만 사용하는 명칭이다. 그런데 여기서 하느님께만 사용하던 이 '이름', 곧 호렙(시나이) 산에서 모세에게 계시된 하느님의 이름, "나는 있는 나다."(탈출 3,14)를 함축하고 있는 이 명칭을 예수님께 적용하는 것은 예수님께서 바로 '주님(야훼)'이시라는 사실을 강조하는 것이다.

요한묵시록도 예수님께 '전능하신 분'을 뜻하는 '판토크라토르(παντοκράτωρ)'라는 칭호를 분명하게 사용한다. 우선 요한은 아시아에 있는 일곱 교회에 보내는 편지에서 예수 그리스도에 대한 호칭으로 "지금도 계시고 전에도 계셨으며 또 앞으로 오실 분"(묵시 1,4)이라는 표현을 사용하면서 인사말을 전한다. 이 칭호는 묵시록에 여러 번 나오는데(묵시 1,4.8; 4,8; 11,17; 16,5), 호렙(시나이) 산에서 모세에게 계시된 하느님의 이름, 곧 "나는 있는 나다."(탈출 3,14)를 풀이하여 예수 그리스도께 적용한 것이다. 여러 차례 언급하였듯이, 헬레니즘 시대의 유다교에서는 특별히 그리스말 구약성경의 영향으로 '야훼'라는 이름이 '계시는(또는 존재하시는) 분'을 뜻하는 것으로 해석되었다.

한편 예루살렘 타르굼(구약성경의 아람말 번역본)은 '야훼'_'계시는(또는 존재하시는) 분'이라는 이 명칭을 세 마디로 표현하여 "㉠ 지금도 계시고 ㉡ 전에도 계셨으며 ㉢ 앞으로도 계실 분"이라고 옮겼다. 요한묵시록은 예루살렘 타르굼의 확장된 이 명칭을 이어받아 이와 비슷하게 "앞으로도 계실"을 "또 앞으로 오실"로 바꾸어 미래가 지니는 종말론적 성격을 부각시킨 다음, 하늘 옥좌에 앉으신 이 종말론적 예언자이시고 '판토크라토르(우주의 통치자, 전능하신 분)'이신 예수님께서 우주 만물의 역사를 완성하시기 위하여 곧 오실 것임을 다음과 같이 선포한다. "지금도 계시고 전에도 계셨으며 또 앞으로 오실 전능하신 주 하느님께서, '나는 알파요 오메가다.' 하고 말씀하십니다. … '보라, 내가 곧 간다. 나의 상도 가져가서 각 사람에게 자기 행실대로 갚아 주겠다. 나는 알파이며 오메가이고 처음이며 마지막이고 시작이며 마침이다. … 그렇다, 내가 곧 간다.' 아멘. 오십시오, 주 예수님!"(묵시 1,8; 22,12-13.20) 이와 같이 요한묵시록에 따르면 예수님께서는 '알파(A)'요 '오메가(Ω)', 곧 처음이며 마지막(시작과 마침)이시고,[3] 사람의 아들(人子)이며 하느님

---

3. 여기서 '알파와 오메가'는 그리스말 알파벳의 첫 자와 끝 자로서, 이 표현은 곧 시작과 마침을 의미한다. 무엇보다도 하느님의 말씀(로고스)으로서 한처음 천지창조 때부터 하느님과 함께하셨고, 마지막으로 우주 만물을 하느님의 뜻대로 완성하실 '판토크라토르'이신 예수 그리스도를 일컫는다(묵시 2,8; 21,6; 22,13 참조).

의 아드님이신 예수님으로서, 강생과 십자가의 죽음과 거양, 그리고 부활을 통하여 우리의 '주님'이 되셨다.

또한 요한은 "지금도 계시고 전에도 계셨으며 또 앞으로 오실 분"(묵시 1,4)이라는 칭호에 이어서 "또 성실한 증인이시고 죽은 이들의 맏이이시며 세상 임금들의 지배자이신 예수 그리스도"(1,5)라는 칭호를 예수님께 부여한다. 4절처럼 이 5절도 세 마디 말로 표현되었는데, 각각 그분의 ㉠ 수난, ㉡ 부활, 그리고 ㉢ 성부 오른편에 오르시어 세상 통치권을 부여받으신 것을 시사한다. 바오로 사도도 "거룩한 영으로는 죽은 이들 가운데에서 부활하시어, 힘을 지니신 하느님의 아드님으로 확인되신 우리 주 예수 그리스도이십니다."(로마 1,4) 하고 선포하면서 하느님께서는, 당신의 아드님이신 예수님을 부활과 함께 드높이 올리시고(필리 2,9), 또 영광(1베드 1,21)과 지고의 능력을 부여하셨다(에페 1,20-23)고 고백한다.

이처럼 요한묵시록의 교회는 부활하시어 성부 오른편에 앉으신 예수님을, 하느님의 뜻에 따라 그 나라를 완성하실 때까지 전우주적 통치권을 가지시고 우주 만물을 지배하시며 다스리시는 그리스도, 전지전능하신 '주님'으로 선언하면서, "저희의 주님, 오십시오!"[4]라고 그분께 종말의 희망을 고백한다. 이에 대하여 주님께서는 "그렇다, 내가 곧 간다."(묵시 22,20) 하고 대답하신다. 우리 역시 우주 역사를 완성하러 오실 그분을 기다리고 있다!

---

4. 여기서 "오십시오, 주 예수님!"으로 옮긴 그리스말 본문은, 아람말로 '마라나 타'("저희의 주님, 오십시오!")이다. 1코린 16,22 참조.

티모테오에게 믿음을 위한 싸움에 진력할 것을 촉구하는 단락에서(1티모 6,11-16) 바오로 사도는 "제때에 그 일을 이루실 분은 복되시며 한 분뿐이신 통치자, 임금들의 임금이시며 주님들의 주님이신 분, 홀로 불사불멸하시며 다가갈 수 없는 빛 속에 사시는 분 어떠한 인간도 뵌 일이 없고 뵐 수도 없는 분이십니다. 그분께 영예와 영원한 권능이 있기를 빕니다. 아멘."(15-16절) 하고 찬가와 함께 충고를 마무리한다. 이 장엄한 찬가는 그리스계 유다교 회당에서 쓰이던 기도문에서 유래하는 것으로 보인다. 여기서 '임금들의 임금'이라는 표현은 본디 바빌론과 페르시아 제국 황제의 칭호였고,[5] 하느님께서 온 세상의 유일한 통치자시라고 고백하는 것은[6] 당시 그리스 문화권에 널리 퍼져 있던 황제 숭배를 반대하는 것이다. 그런데 2마카 13,4에서는[7] 이 칭호가 이제 하느님을 일컫는 데에도 쓰인다. 또한 '주님들의 주님'(또는 '주군들의 주군')은 구약성경에서 '신들의 신'과 함께 쓰이기도 한다(신명 10,17; 시편 136,2-3). 하느님은 주님(또는 주군)으로 불리는 자(또는 신)들을 다스리시는 참주님이시라는 뜻이다.

또한 이 찬가에서 "홀로 불사불멸하시며 다가갈 수 없는 빛 속에 사시는 분 어떠한 인간도 뵌 일이 없고 뵐 수도 없는 분이십니다."(16절)라

---

5. "임금들의 임금인 아르타크세르크세스가 하늘의 하느님께서 내리신 법의 학자인 에즈라 사제에게. 평화!"(에즈 7,12)
6. "주 너희 하느님은 신들의 신이시고 주님들의 주님이시며, 사람을 차별 대우하지 않으시고 뇌물도 받지 않으시는, 위대하고 힘세며 경외로우신 하느님이시다."(신명 10,17)
7. "그러나 임금들의 임금이신 분께서는 안티오코스가 이 악한에게 분노를 터뜨리게 하셨다. 그리하여 메넬라오스가 모든 환난의 원인이었다는 리시아스의 말을 들은 안티오코스는, 그자를 베로이아로 끌고 가서 그쪽 지방의 관습에 따라 처형하라고 명령하였다."(2마카 13,4)

는 표현은, 하느님의 초월성과 접근 불가성을 강조하고 있다. 이를 통하여 바오로는 자기들만이 신적 '깨달음'의 경지에 다다를 수 있다고 주장하는 영지주의자들을 반대하는 것이다.

로마 신자들에게 보낸 서간에서도 바오로는 "유다인과 그리스인 사이에 차별이 없습니다. 같은 주님께서 모든 사람의 주님으로서, 당신을 받들어 부르는 모든 이에게 풍성한 은혜를 베푸십니다. 과연 '주님의 이름을 받들어 부르는 이는 모두 구원을 받을 것입니다.'"(로마 10,12-13) 하고 선언하면서, 구약성경에서 하느님께만 유보된 '주님'이라는 칭호를 예수님께 적용한다. 이것은 초대 그리스도인들이 '그리스도께서 하신 일은 곧 하느님께서 하신 일'이라고 생각하였음을 단적으로 보여주는 것이다. 또한 이러한 명칭을 예수님께 적용하는 것은, 하느님의 영원하신 아드님으로서, 하느님 아버지를 완벽하게 드러내신 그리스도의 신성(神性)을 고백하는 것을 의미한다(사도 2,36; 1코린 12,3; 2코린 4,5; 필리 2,11 참조).[8]

이러한 사실은 사도행전을 마무리하는 "바오로는 자기의 셋집에서만 이 년 동안 지내며, 자기를 찾아오는 모든 사람을 맞아들였다. 그는 아무 방해도 받지 않고 아주 담대히 하느님의 나라를 선포하며 주 예수 그리스도에 관하여 가르쳤다."(사도 28,30-31)라는 말씀 안에서도 확인된다. 이와 같이 바오로 사도를 비롯하여 모든 사도가 자기들의 설교에서 예수님은 '그리스도'이며 '주님'이심을 선포하고 가르쳤는데,

---

8. 또한 예수님을 '하느님의 모습을 지니신 분'(필리 2,6), '보이지 않는 하느님의 모상'(콜로 1,15), '하느님 영광의 광채'(히브 1,3) 등으로 일컫는 바오로 서간도 참조.

여기서 바오로는 구약성경이 감히 입에 올릴 수 없다고 여긴 하느님의 이름을 표현하는 데에 쓰이던 '야훼(주님)'라는 호칭을 예수 그리스도를 일컫는데 사용하는 것이다(필리 2,11 참조). 또한 티토에게 보낸 서간에서도 바오로는 예수 그리스도를 "우리의 위대하신 하느님이시며 구원자"(2,13)로 선언한다.

프란치스코 교황은 회칙 「하느님은 사랑이십니다」를, "그리스도인이 된다는 것은 삶에 새로운 시야와 결정적인 방향을 제시하는 한 사건, 한 사람, 곧 예수 그리스도를 만나는 것입니다."(1항) 하고 강조하면서 시작합니다. 이 글을 마무리하려고 하니 교황께서 '그리스도와의 만남'을 왜 그토록 강조하는지 그 이유를 조금이나마 이해할 수 있을 것 같습니다.

　머리글 로고스 찬가(1,1-18)에 이어 세례자 요한의 증언(1,19)으로 시작되는 요한복음의 전체 내용은, 예수님께서 하느님의 '말씀'이시고 '외아드님'이시며, 우리의 '메시아(그리스도)'이시고, '주님'이시며 '하느님'이시라는 머리글 찬가의 고백을 구체적으로 증언하고 입증하는 것이었습니다. 예수님께서는 그리스말 문장인 '에고 에이미(Ἐγώ εἰμι, 나는 …이다)'라는 표현을 통하여 당신이 누구신지 스스로 계시해 주셨는데, 이 소책자 제1부에서 그 내용을 다루었습니다. 예수님께서 직접 계시해 주신 일곱 가지 자기계시 내용을 통하여 우리는, 빛과 생명은 예수 그리스도 안에 있고 바로 그분이 아버지께 가는 통로, 곧 "길이요 진리요 생명" 자체라는 점을 깨달아 믿게 되었습니다. 또한 예수님께서

'에고 에이미'라는 표현을 통하여 친히 해주신 자기계시는 예수님의 신성을 강조하는 내용과 깊이 연결되어 있음을 확인하게 되었습니다.

제2부에서 우리는 요한복음이 예수님의 신원에 대하여 증언하는 계시 내용을 살펴보았는데, 그것은 다윗의 자손이신 나자렛 사람 예수님은 스승님이시고 메시아로서, 하느님의 (외)아드님이시고 그리스도, '주님'이시고 '하느님'이시라는 고백이었습니다.

바오로 사도는 필리피 신자들에게 보낸 서간에서 일치와 겸손을 당부하면서 다음과 같이 권고합니다.

> 그리스도 예수님께서 지니셨던 바로 그 마음을 여러분 안에 간직하십시오. 그분께서는 하느님의 모습을 지니셨지만 하느님과 같음을 당연한 것으로 여기지 않으시고 오히려 당신 자신을 비우시어 종의 모습을 취하시고 사람들과 같이 되셨습니다. 이렇게 여느 사람처럼 나타나, 당신 자신을 낮추시어 죽음에 이르기까지, 십자가 죽음에 이르기까지 순종하셨습니다. 그러므로 하느님께서도 그분을 드높이 올리시고 모든 이름 위에 뛰어난 이름을 그분께 주셨습니다. 그리하여 예수님의 이름 앞에 하늘과 땅 위와 땅 아래에 있는 자들이 다 무릎을 꿇고 예수 그리스도는 주님이시라고 모두 고백하며 하느님 아버지께 영광을 드리게 하셨습니다.(2,5-11)

하느님의 '말씀'이신 예수님께서 강생하시어 십자가 죽음에 이르기까지 당신 자신을 낮추시고 종의 '모습(또는 조건)'을 취하신 이 '비움(그리스말 κένωσις, 케노시스)'은, 하느님의 존재와 그분의 사랑을 계시하시는 것이었습니다. 곧 그리스도의 강생을 '비움'의 첫째 단계라고 할 때

(6절), 예수님께서 당신 자신을 낮추셨다는 이 말은 둘째 단계가 됩니다. 그리스도께서는 이사 53장에 나오는 '주님의 종'처럼, 당신 아버지의 뜻에 순종함으로써 '자기비하'를 선택하셨습니다(로마 5,19; 6,16-18). 그리고 죽음에 이르기까지(이사 53,8.12 참조), 악당들이나 당하는 십자가 죽음에 이르기까지 이러한 순종을 실천해 가셨습니다(히브 12,2).[1] 이처럼 예수님의 수난은 순수한 자유에서 이루어지는 사건이었고, 이 자유는 예수님께서 완전한 순명으로 아버지에 대한 당신의 사랑을 표현하시는 것이었습니다(요한 4,34; 5,30).[2]

이에 대한 응답으로 하느님 아버지께서는 당신 아드님을 드높이시어 "모든 이름 위에 뛰어난 이름을 그분께"(필리 2,9) 주셨습니다. '이름'을 준다는 것은 단순히 칭호만이 아니라 실질적인 존엄성까지 부여함을 뜻하는데(에페 1,21; 히브 1,4 참조), 바오로 사도는 여기에서 '주님'이라는 이름을 생각하게 됩니다(11절; 사도 2,21.36 참조). 이 '주님(키리오스)'은 그리스말 구약성경에서, 감히 입에 올릴 수 없다고 여긴 하느님의 이름 '야훼'를 표현하는 데에 쓰이는 낱말입니다(탈출 3,15). 하느님께서 주님이시라는 것이 이렇게 당신 자신을 비하하시는 예수님에게서도 드러난 것입니다. 히브리인들에게 보낸 서간에서 바오로 사도는 "그분께서는 당신 앞에 놓인 기쁨을 내다보시면서, 부끄러움도 아랑곳하

---

1. 이것을 바로 십자가의 '걸림돌'이라고 하는데, 바오로가 하는 설교의 근본 주제 가운데 하나이다(1코린 1,18-25; 2,1-2; 갈라 6,14).
2. 요한복음은 성부와 성자를 하나로 묶는 관계가 단순히 완전한 상응의 관계가 아니라는 점을 강조한다(15,19-30; 10,30). 그것은 성부에 대한 성자의 순명의 관계로서, 성부께서는 이 순명에 대한 응답으로 성자를 영광스럽게 하셨다.

지 않으시고 십자가를 견디어 내시어, 하느님의 어좌 오른쪽에 앉으셨습니다."(히브 12,2) 하고 짧으면서도 인상적으로 그리스도의 수난에 대하여 요약합니다. 그리고 그분의 수난의 시련은 이렇게 영광을 누리는 것으로 끝난다(히브 1,3; 8,1; 10,12)고 증언합니다.

그뿐 아니라 바오로 사도는 "그리하여 예수님의 이름 앞에 하늘과 땅 위와 땅 아래에 있는 자들이 다 무릎을 꿇고 예수 그리스도는 주님이시라고 모두 고백하며 하느님 아버지께 영광을 드리게 하셨습니다."(필리 2,10-11) 하고 선언하면서, 예수님에 대한 우주적이고 보편적인 경배가 이루어지게 되었음을 증언합니다.[3] 여기서 '무릎을 꿇음'은 하느님 앞에서만 해야 하는 존경과 경배의 몸짓인데(로마 14,11; 에페 3,14 참조), 이제는 주 예수님께도 하게 되었다는 것입니다. 또한 하느님 아버지께서 예수님께 부여하신 '이름'은 이제 신앙 고백의 대상이 되어 공경을 받고, 예수님을 드높이 올리신 성부께서는 모든 영광을 받으신다는 점을 강조합니다.

이와 같이 바오로 서간은, 우리 믿음의 본래 대상은 그리스도의 신비, 곧 하느님께서 그리스도를 죽은 이들 가운데에서 부활시키시고, 모든 인간의 유일한 주님이시며 구원자로 삼으셨기 때문에, 이 예수 그리스도를 통하지 않고서는 구원을 받을 수 없다고 강조합니다.

토마스의 신앙 고백과 관련하여 성 대 그레고리오 교황은 복음서에

---

3. 여기서 '하늘(천상)'은 (아마도 하느님께 속한 자들만이 아니라 그분께 적대적인 자들까지 포함한) 영적 존재, '땅 위(지상)'는 현재 세상에 사는 인간, '땅 아래(지하)'는 죽은 사람들을 일컫는 것으로 생각되는데, 아무튼 창조된 우주 전체, 곧 천신과 천사와 정령과 마귀와 같은 영적 존재들, 그리고 인간이 모두 예수님을 경배하게 되었다는 것이다.

대한 강론(Hom. 26,7-9. PL 76,1201-1202.)에서 "보이는 것은 신앙으로 믿는 것이 아니고 지식으로 아는 것입니다. 그렇다면 토마스가 자기 눈으로 보고 손을 댈 때, 왜 주님께서는 '너는 나를 보고야 믿느냐?' 하고 물어 보십니까? 그가 눈으로 본 것과 신앙으로 믿는 것은 서로 다른 것이었기 때문입니다. 토마스라는 사람은 자기 눈으로 하느님을 볼 수 없었습니다. 그는 인간의 눈으로 한 사람을 보고 신앙으로 '저의 주님, 저의 하느님'이라고 하면서 하느님을 고백하였습니다. 눈으로 보고 믿었습니다. 인간을 보고 자기가 보지 못한 하느님이심을 고백했습니다." 하고 설명합니다. 한참 늦었지만 저도, 토마스 사도와 함께 예수님을 향해 "저의 주님, 저의 하느님!"(요한 20,28) 하고 고백하면서 이 글을 마무리하려고 합니다.

참고문헌

주교회의 성서위원회, 『주석성경』, 한국천주교주교회의, 2010.

루돌프 슈낙켄부르크, 『복음서의 예수 그리스도』, 김병학 옮김, 분도 출판사, 2009.

교황청 성서위원회, 『성경의 영감과 진리』, 박영식 옮김, 한국천주교 주교회의, 2014.

가톨릭신학연구실, 『요한계 문헌』, 가톨릭교리신학원, 2015.

이기락, 『우리가 부를 때마다』, 가톨릭출판사, 2022.